协同的责任

少年儿童校外阵地建设与实践活动

薛国凤 梁明伟◎著

上海人民出版社

目　录

1

序

　　1977年,德国大哲学家雅斯贝尔斯在其著名的《什么是教育》一书中写下了这样一句话:"在我们时代里,精神命运必然决定教育的内涵。"我深以为然。对于一个国家的少年儿童教育而言,其取决于国家精神和社会文化,也直接取决于这个国家和社会对少年儿童的认识及其态度,而少年儿童教育也从来不仅是家庭和学校的责任,更是学校之外的社会机构、团体乃至每一位社会人士的责任。美国著名教育机构"Learning Styles Unlimited"的创办人兼总裁辛西亚·汤白斯女士说:"孩子是我们对未来的贡献!"我想这不仅是对孩子的父母说的,更是对社会上的每一个人说的。

　　一直以来,我国不乏"少年强则国强"的豪迈,也有"不从身上习过,皆无用也"的实践告诫。据20世纪末以来中国青少年研究中心发布的基于全国取样进行调查研究的"当代中国少年儿童发展状况"系列报告显示,我国少年儿童在近几十年来,无论是在生理素质、个人发展、社会责任、学习方式、闲暇活动等方面都有极大改善和进步,少年儿童也乐于参加少先队活动且在活动中提高了综合素质。不过系列报告中也显示我国少年儿童发展中存在的一些问题,特别是大部分少年儿童不能体验学习与发展的乐趣,在少先队组织及其活动中未获得更多参与机会等。这对从事少年儿童教育的工作者或关心少年儿童发展的任何一名教育责任人,甚至对于各种类型教育机构或组织的决策者和管理者来说都不能不引起警醒。

少年儿童的教育不应是封闭的书斋教育,也不应是成人管控下的模仿教育。少年儿童需要在成人的教育中实现超越,成长为一个能够自我教育的人,"旅行、阅读、研究大自然都属于自我教育的范畴",而且还要"抱着服务于社会、帮助所处的集体为更多的人谋福利的期望深入到公共生活中去"①。少年儿童的教育需要在真实的社会生活场域中进行,需要在家庭、学校和社会的共同协作与努力下进行并完成,特别是当我们认可"儿童教育应当为社会转型、文化转型服务,应当为民族的现代化建设,应该为培养具有现代意识的新人服务"②这一观点时,这种三力合一的重要性和迫切性就更加不言而喻了,因为没有一个儿童能在真空里成长并成才。从生活世界角度来看,校外的实践教育在一定程度上可能比校内的教育更加真实地影响到少年儿童的观念、品质和才能,因为校外的生活与实践是"更加自然情境性的",遭遇时它也许是温情的,也许是冰冷的,但都需要少年儿童以真实心态去面对并思考如何解决。这也是为什么要在少年儿童的教育中,要增加校外实践活动经历,要让少年儿童有意识地走出校门去参与真实的社会生活并在其中得到锻炼。

但毕竟,毋庸置疑地,学校是少年儿童在成长期间接受系统教育的最经济方式,因而也是主阵地,但这并不等于校外的诸多社会性阵地不

---

① [英]罗伯特·贝登堡:《成长的哲理:世界童子军创始人贝登堡将军给青年人的信》,能量传播译,世界知识出版社 2006 年版,第 188、208、209 页。
② 刘晓东:《儿童文化与儿童教育》,教育科学出版社 2006 年版,第 248 页。

必启用或减少作为。恰恰相反,校外阵地在少年儿童发展中大有价值,尤其是对于以"活动和社会实践"为主要教育形式的诸多少年儿童组织进行的教育而言。在我国,最大的少年儿童组织——中国少年先锋队作为"少年儿童学习中国特色社会主义和共产主义的学校",在团结教育少年儿童"努力成长为社会主义现代化建设需要的合格人才,做共产主义事业的接班人"的目标指引下,自新中国成立以来不仅积极推进学校内部主阵地的建设和利用,也一直努力推进校外阵地的建设和重要作用的发挥。

那么,在以中国少年先锋队这一少年儿童组织为代表的少年儿童教育脉络上,我国少年儿童校外阵地建设的历史和现实情况如何?实践活动开展得怎样?少年儿童的发展诉求能否得到满足?校外阵地自身又是如何发展的?学校和校外阵地之间的教育合作或教育融合程度怎样?面对新时代国家发展面临的诸多挑战,需要校外阵地主动实现哪些变革?等等。这都是需要直接面对、深入思考并不断努力去回答与解决的问题。本研究遵循逻辑与历史相统一的思维原则,尝试在调查现实情况的基础上对此进行系统思考和研究。

研究的初心是最真诚的,研究的理想是较丰满的,研究的过程是有艰难的。深知尽管尽了很大力气,但呈现给读者的仍是一部并不令人十分满意的研究作品,好在一路走来,有许多志同道合的同仁、朋友给予持续帮助与热情鼓励,心中一直充满着温暖的力量,也深深地感恩着。为此,唯有继续努力!

2020 年 2 月 14 日

导　言

一、研究的提出

少年儿童是国家的未来,少年儿童教育是国家教育的基础,关心少年儿童的教育事业就是真正关心国家与民族的未来。在少年儿童教育体系中,通常家庭、学校、社会被看作是三位一体的教育力量,但是从少年儿童自身发展角度以及世界范围内推动少年儿童发展的实际情况来看,少年儿童组织也是并列于这三者的另外一种教育力量,且这种力量在少年儿童发展中起着不可替代的重要作用。如果以少年儿童组织为视界核心向外发散,就会看到家庭、学校和社会完全可以在这一维度上联合、整合甚至融合成一种真正实现以实现少年儿童发展为本的教育行动系统。基于少年儿童组织视域中的少年儿童教育,具有明显不同于大教育学中所言的一般的家庭、学校乃至社会教育的特点,那就是自下而上性,因为少年儿童组织的基本特征是儿童性,是儿童自己的组织,所以这种组织教育的实现本质上必须通过少年儿童的自我管理、自我活动、自我调节、自我发展、自我创造,在不同的活动空间和场域里以自下而上的方式来实现,组织中的成人队伍或其他社会力量都是辅导少年儿童实现这种自我发展性的。

在我国,最大也是最有影响力的少年儿童组织是少先队组织。由于少先队是附设在我国国民教育体系基础教育学校中的正式组织,所以以"学校"作为空间边界来划分的话,少先队组织活动的开展就有两个基本场域,一个是学校内部,一个是学校之外。经过新中国成立后建队七十年来的发展,目前少先队组织在学校内部这一场域的活动基本完成了制度化、体系化和课程化,也开发了很多对少年儿童发展有很大或较大影响力的品牌活动,在少年儿童政治信念、道德情操和性格品质等培养方面起到了重要作用。在学校之外这一场域,少年儿童组织的活动范围也日益广泛和加强,除去传统的少年宫和爱国主义教育基地外,对社区、家庭以及其他公益或营利性阵地的开发和利用也日渐增多并成熟起来,但现对于校外阵地对少年儿童成长的巨大作用而言,校外阵地这些年的发展和建设还显得滞后,甚至还存在着理念不清晰、指导理论和支持资源等明显缺失的问题。少年儿童永远是社会化的儿童,真空或虚拟的环境难以支撑起少年儿童发展的全部,少年儿童的发展须在真实的社会大环境中,借助体验、观察、判断、思考、创造等思维方式的高水平实际运用来进行。为此,如何搞好少年儿童的校外阵地建设和实践活动,并借助于校外阵地的建设和实践活动的开展去推动整个社会对少年儿童教育事业的关注以及对少年儿童发展的关心,就成为一个重中之重的话题。

二、研究的思路、方法与过程

(一) 研究思路

本研究坚持理论与实践相统一的原则,按"理论认知—实践调研—

学理分析—推进建议"思路展开。具体来说就是从发展组织教育、推进融合教育双重理念作为指导观念,在正确认识我国最大的少年儿童组织(少先队)校外教育阵地和实践活动对少年儿童发展意义的基础上,通过对历史发展的简单梳理,以及通过调研和考察现实,发现典型和先进案例并进行整理研究,在基础上较为系统地梳理我国少年儿童校外阵地建设的理论基础、现实意义、历史发展以及现状,最后提出进一步推进我国少年儿童开展校外教育阵地建设和实践活动的新理念、新途径、新方法与策略等。

(二) 研究方法

文献法。研究中首先通过文献法的运用,搜阅了相关政策、书籍、期刊论文和各种活动报告,对学界理论研究和通过理论研究折射出来的现实情况以及各机构单位的相关实体活动报告进行初步把握,在加强理论认识的同时强化对实践的把握与理解。

问卷调查和实地访谈调查法。研究还采用了包括问卷调查、现场考察与访谈在内的调查法。自编了针对校外阵地人员、学校辅导员和少先队员的问卷。每种类型问卷均涉及对被调查者基本信息情况的调查,以及针对"对少先队校外阵地建设及其实践活动开展有何建议"的主观性调查。除此之外,校外阵地人员的问卷主要涉及"阵地基本情况、阵地人员队伍情况、阵地实践活动开展情况、阵地的社会影响与存在问题"四个维度;辅导员问卷涉及"对阵地的认知情况、阵地实际建设情况、阵地实践活动开展情况"三个维度;少先队员问卷涉及"对阵地的认知、对阵地建设的情感、自身参与阵地实践活动的行为情况"三个维度。问卷编制完成后,导入问卷星,面向国内省份和学校等机构单位的相关人员进行发放调查,并选择有代表性的样本进行实地考察与访谈。

(三) 研究过程

研究选题确定后,研究者首先着手完成了研究方案和写作提纲,在全国范围内搜阅并筛选部分案例入进一步调研目录,初步设计调查问卷。2018 年初完善调查问卷,确定后导入问卷星,并在 6 月 2 日面向全国省份正式发放。一个月后截止,系统关闭,问卷填写情况为:少先队员问卷 25 205 份,辅导员问卷 4 746 份,校外阵地人员问卷 30 份,均达到调查样本数量要求且均为有效问卷。三类被调查者的主要样本信息如下:

校外阵地人员样本来源全国省份分布情况(见图 1):三十个样本分布在河北、浙江、天津、上海、北京、辽宁、黑龙江、安徽、河南九个省市。其中河北占比三分之一强,其次是浙江、天津和上海。

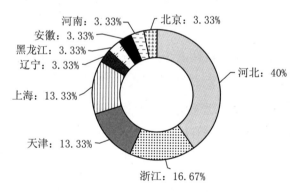

图 1 校外阵地人员样本来源全国省份分布图

校外阵地人员样本的所在机构类型分布情况(见图 2):在备选项内,可以看到三十个样本人员分别来自社区、家庭、少年宫、爱国主义教育基地、夏(冬)令营地、博物馆等社会公益机构,另外在回答"其他"的人员里面,所填的机构类型为"校地合作机构、高校学科阵地、国企子公司、青少年活动中心、妇女儿童活动中心"。从整体情况看,阵地分布类型较为广泛,覆盖面全。

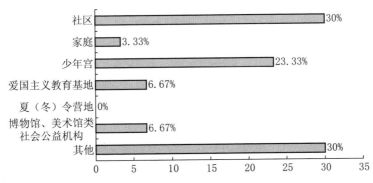

图2　校外阵地人员样本的机构类型分布图

校外阵地人员样本的城乡地理区域分布情况(见图3):可以看到,既有市区、县镇的校外阵地,也有来自城乡接合部的校外阵地人员参与调查。不过,没有乡村阵地人员填写。市区的最多,占二分之一强。市区和县镇加起来占93.3%。这和我国城镇校外阵地整体建设情况优于乡村和城乡接合部的情况基本保持一致。

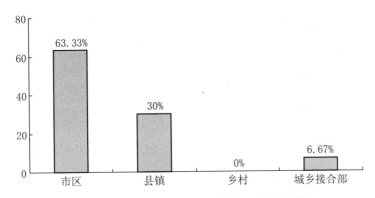

图3　校外阵地人员样本城乡地理区域分布图

校外阵地人员样本的工作身份情况（见图 4）：主要是从专兼职角度来看的，其中专职人员占比 76.67％，占三分之二强；兼职人员占三分之一弱。

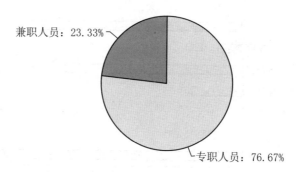

图 4　校外阵地人员样本的工作身份情况图

辅导员样本来源的全国省份分布情况：4 746 个样本分布在 22 个省、市、自治区，中部和南部部分省份未取到样本。在样本省份，河北调查样本最多，占比 60.41％，其次是上海，占比为 23.18％，之后的是北京、内蒙古、辽宁、青海和浙江，占比分别为 4.53％、3.73％、3.22％、1.69％和 1.45％。其他省份占比均在 1％以下。

辅导员身份情况（见图 5）：大队辅导员约占三分之一，中队辅导员约占三分之二。

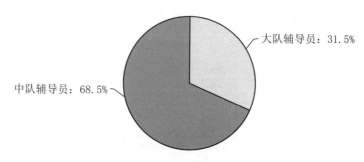

图 5　辅导员身份情况图

辅导员所在学校的城乡地理位置分布状况(见图6)：可以看到，市区、县镇、乡村和城乡接合部都有调查样本。乡村和县镇的辅导员占比最多，各占三分之一强；市区占比约四分之一。城乡接合部的占比虽少，但也能具有一定的代表性。

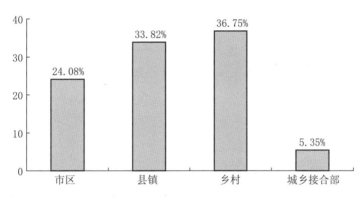

图6　辅导员所在学校的城乡地理位置分布图

辅导员所在学校的性质(见图7)：可以看到6—14岁少年儿童所处的义务教育阶段中小学基本都有涉及，包括公立性质的中小学、私立性质的中小学，以及九年一贯制的公立和私立学校。以公立小学占比最高，三分之二强。

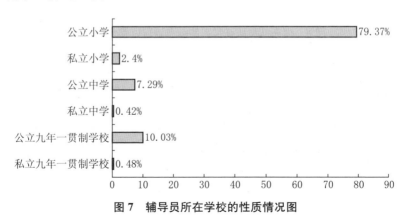

图7　辅导员所在学校的性质情况图

少先队员调查样本所在的地理位置省份分布：25 205 个少先队员样本分布在 30 个省、市、自治区，广西没有调查样本。在样本省份，河北调查样本最多，占比 45.02％，其次是上海，占比为 32.60％，之后的是北京、内蒙古、青海和辽宁，占比分别为 11.75％、4.64％、1.88％ 和 1.53％。其他省份占比均在 1％ 以下。

少先队员所在的学校的城乡地理位置分布情况（见图 8）：可以看到，市区、县镇、乡村和城乡接合部都有调查样本。市区和县镇的少先队员占比最多，各占三分之一强。城乡接合部的占比虽少，但也能具有一定的代表性。

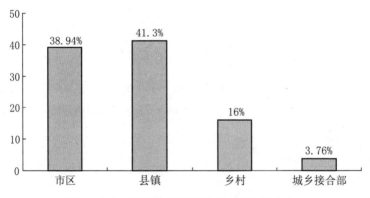

图 8　少先队员所在学校的城乡地理位置分布图

少先队员样本所在的年级分布情况（见图 9）：图中所示，小学高年级队员占比比较多，且比例较为平均。因为后期发现，在辅导员推送问卷过程中涉及少量初中少先队员，但被调查者信息那里未列出七八九年级，所以统计图所示的一二三年级中含小学和初中的一二三年级。因此在使用数据时不便于区分小学和初中队员的情况，这不能不说是设计时的一个失误。

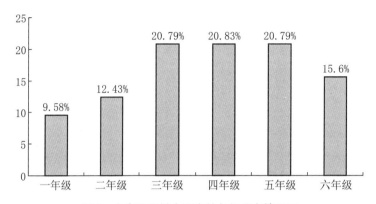

图 9　少先队员样本所在的年级分布情况图

少先队员样本担任队干部情况（见图 10）：可以看出，普通队员居多，占比在三分之二强。大队长、中队长和小队长比例差异不很大。

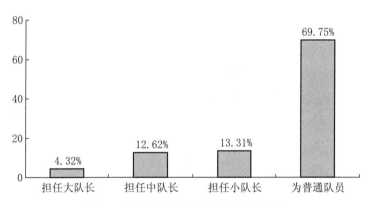

图 10　少先队员样本担任队干部情况图

此外，研究中还积极联系活动案例单位与撰写人，最终有来自河北、浙江、天津、青海、广州五个省份的八位阵地责任人提交了活动案例文字稿。具体信息见表 1。

表1　活动案例依托阵地类型和来源单位一览表

序号	活动案例依托阵地类型	活动案例来源单位名称	所在省份
1	少年宫阵地	湖州市少年宫	浙江
2	社会公益机构阵地	青海师范大学附属第二中学	青海
3	高校学科阵地	河北大学教育学院	河北
4	多方协作融合性阵地	湖州市少年宫	浙江
5	非营利社会组织阵地	保定市高新区小学	河北
6	家庭—社区阵地	天津市河东区云丽园社区	天津
7	高校—社区阵地	湖州师范学院	浙江
8	少年宫—社区阵地	广州市越秀区少年宫	广东

　　另外,在研究过程中,研究者还对北京小马国际教育营地、北京市少年宫、湖州市少年宫、湖州师范学院青柚空间、天津河东区云丽园社区家庭特色活动室阵地进行了实地参观和负责人访谈,对重庆万有引力素质教育中心研学营地负责人、上海"小队之家"阵地活动的历史亲历者以及保定新莲池书院责任人进行了电话访谈,对相关阵地的一些基本情况和所持观念进行基础性了解。

第一章
少年儿童校外阵地建设和实践活动的指导理论与现实意义

少先队组织的存在意义首先就是通过组织教育促进少年儿童的发展,研究和建设少年儿童组织的校外阵地与实践活动,必须立足于对组织教育有效实施的正确而系统的认识。因此,首先从少先队组织发展与组织教育开展的理论视角探讨这个问题,能够更加深刻地理解少年儿童校外阵地建设和实践活动开展的基本现实意义。

一、促进少年儿童校外阵地建设的指导理论

(一) 组织社会学中的正式组织理论与组织平衡论

西方现代管理理论中社会系统学派创始人巴纳德(Chester I.Barnard)在 1938 年借助于对正式组织概念的系统阐述建立了现代组织理论的基本框架。在巴纳德看来,正式组织的实质是"有意识地协调两个或两个以上的人的活动或力量的一种系统",[①]且具有三个构成要素,

---

① [美]切斯特·I.巴纳德:《经理人员的职能》,王永贵译,机械工业出版社 2016 年版,第56 页。

即"沟通交流、做出贡献的意愿和共同的目标"。[①]可以看出,巴纳德把组织作为人的合作行动系统来看待,同时他提出组织平衡论,认为一个组织必须满足参与者在"贡献与满足"之间的平衡才能存续,这也是组织能够发展的必要条件。另外一位著名的决策管理学大师西蒙(Herbert A.Simon)发展了巴纳德组织平衡理论观点,指出一个组织的参与者不仅限于组织内部成员,还包括与其相互合作的机构以及与其工作有关的服务对象团体和所有接受其服务的人等。[②]从巴纳德和西蒙的组织理论来看,在目前我国少年儿童组织(少先队)建设中,其活动的参与者除了少年儿童自身外,也不只是少年儿童和正规教育体系中的以辅导员和各级政府机关中专门的少先队工作者为主所构成的成人队伍,更应该把社会上广泛的、与少年儿童发展密切相关的多种力量、机构、场所的人员充分考虑进来。多元参与思想指导下的少年儿童组织不仅要组织服务的主体对象,更要以少年儿童组织发展为线索去建构一个涵盖校外力量在内的更大社会范围内的人的一种合作行动系统,所以对校外阵地的积极主动建设也就是应有之义了。

(二) 组织行为学中的有机适应型组织理论

传统管理理论颇为强调官僚科层组织结构的存在和运行,美国领导力大师本尼斯(W.Bennis)却建构起了一种新的组织发展理论,即有机适应型组织理论。[③]这一理论打破了组织由职能部门构成的机械结

---

① [美]切斯特·I.巴纳德:《经理人员的职能》,王永贵译,机械工业出版社 2016 年版,第 63 页。

② 向建设:《巴纳德与西蒙的组织理论比较》,《吉首大学学报》(社会科学版)2013 年第 6 期。

③ [美]本尼斯:《领导的轨迹》,姜文波译,中国人民大学出版社 2008 年版。

构状态,主张以扁平化的项目小组结构构成,并在超越传统单一工作关系的且富有人情味和彼此信任的沟通关系中围绕有待解决的各种问题而不是围绕各部门职能来开展工作。据此观点来看,少年儿童的成长与教育本身是一个有关人的社会化问题,人的社会化是在面临各种问题并在解决问题中完成的,尤其是现时代国家与社会环境越来越复杂和多变,关注人本身的成长是应对多变环境的法宝。所以,少年儿童组织的教育任务完成不是仅靠落实组织的常规职能来实现的,也不能仅局限在组织内或学校内,还必须和更广阔的、多变的社会环境紧密结合起来,以少年儿童成长中可能或正在遭遇的问题为抓手,基于问题的解决借助社会各种可能的机构及其教育力量来协作完成,同步实现本尼斯所言的组织运行中的"内适应"和"外适应"。①这实际上对少年儿童组织的校外阵地建设提出了现实要求。

(三)　教育学中的合作教育理论

　　合作教育是 20 世纪初源于欧美的一种教育理论,是一种基于学生的发展需要,强调把课堂学习与工作经验学习结合起来的"结构式教育策略"。合作教育思想强调的是将理论和实践有机结合起来,在学生、学校与社会之间建立起真正的合作关系,这种合作关系本质上不是主张建立一种合作中仍保持各自独立性的、松散的和双方责权约束较少的一般伙伴关系(cooperation),而是建立一种经过严密设计的、双方或

---

① 本尼斯认为,任何组织的运行都需要同时完成内适应和外适应两项互相关联的任务。内适应发生在组织内部,旨在使组织目标和个人目标相互协调,共同发展;外适应发生在组织和周围环境之间,旨在确保组织与环境之间顺畅的交流和交换。邵水潮、申宣成:《论有机适应型组织对普通高中新课程实施的促进作用》,《当代教育科学》2012 年第 20 期。

多方为了实现不能单独实现的任务而在资源、信息和权力等方面共享进而所有成员都被组织在一起共同行动的特殊伙伴关系（collaboration）。在合作教育理念中，学生发展是中心，教育是目标重点，社会性是重要特征。这一教育理论对少年儿童组织教育具有重要启发意义。目前来看，我国少年儿童组织在与社会之间的联系上日益推进和密切，但从运行和结果上来看，更多停留在初步合作阶段，还远未形成共同行动。从促进少年儿童个性发展与推进社会进步的双重角度看，如何抓住少年儿童发展之所需，协调组织与家庭、社区等校外主要阵地实现资源、信息和权力的整合以及共享共用，正是迫切需要进行深入研究的一个话题。

二、少年儿童校外阵地开展实践活动的重要理论基础

当少年儿童组织的校外阵地建设具有了合目的性与价值性的统一，就可以把目光转向校外阵地本身。目前，我国少年儿童校外阵地开展教育的主要方式是活动，那么为什么要以活动作为主要方式，又该如何进一步做好这些活动呢？因为任何一个实践活动的开展都不是"随便做事"的过程，所以有必要站在不同理论视角下来思考和认识一下校外阵地实践活动开展的理论支撑。

（一）哲学理论：交往行动理论

德国大哲学家和社会学家哈贝马斯在20世纪80年代提出交往行动理论。这一理论是在剖析人与人之间按技术规则进行的"工具行为"带来的危害基础上，提出人与人之间因遵循着有效交往规范而发生主

体间的"理解"或"一致"的"交往行为"的缺失并呼吁重建。交往行动理论的核心是强调对生活世界的回归，注重主体间交往行为的合理性，强调主体之间平等自然的人格与对话。以此反观我国少年儿童校外阵地实践活动的开展，作为成人与少年儿童之间的交往过程，在传统交往模式中，由于受社会主流价值取向和体制现实因素的影响，少年儿童校外实践活动的开展也多依附于成人意志，实践活动中的少年儿童多陷入"生活世界的殖民化"，少年儿童的生活被体制化和理性化，成人占据着应然的主宰地位，少年儿童主体地位缺失，并进一步造成主体自觉性和责任感的缺失。哈贝马斯的交往行动理论强调交往双方同时作为发展的主体，应该并能够相互影响、相互渗透。在这一过程中，教育者要以对话者、指导者、协助者、引导者等身份出现，而不能是管控者或统治者。基于哈贝马斯的交往行动理论，我国校外少年儿童实践活动的开展不能沦为成人意志下的"表演"，更要避免活动的抽象化、概念化和完全知识化，而是要在成人主体和少年儿童主体平等性前提下，结合生活世界真实的和少年儿童可接受的具体实践活动以及体验内容实现教育目标。

（二）　心理学理论：心流理论与情境学习理论

心流理论由美国心理学家齐克森米哈伊（Csikszentmihalyi）在 20 世纪 70 年代提出。心流作为该理论的核心概念，最初被界定为"人们全身心投入某种活动时所感觉到的完整体验"。[①]后来齐克森米哈伊和同事们一起发现"在从事自己感兴趣的活动时，人们更容易全身心投

---

① Csikszentmihalyi M.: Beyond boredom and anxiety. The Jossey-Bass behavioral science series, 1975.

入,甚至失去时间概念和对周围事物的感知,并在这种体验过程中展现出惊人的创造力"。①心流理论认为,心流的形成需具备九个要素,即清晰的目标、明确的反馈、个人技能与任务挑战相平衡、行为—意识融合、高度专注、潜在的控制感、自我意识降低、时间感扭曲、享受性体验。②为此,心流理论对于我国少年儿童组织的校外阵地实践活动开展的启发意义就在于,如果想要达到理想中的育人效果,首先应为少年儿童创造一种心流体验,形成一种"活动繁荣",也就是通过心流体验三要素专注、活动享受和内在活动动机的达成,使少年儿童在活动中同时体验到"活力"与"学习"的心理状态,并进而通过这种积极的心理体验,产生积极的态度和行为。有研究认为个体或者和集体活动中的心流体验有差别,因此校外阵地作为一种组织单位,在开展实践活动中不仅要秉承以少年儿童为本的原则营造自由自主与创造性的活动氛围,也要采取积极领导和组织方式主动关怀少年儿童发展,还要合理制定活动要求提高少年儿童内在活动动机并强化活动反馈。

情境学习理论在 20 世纪 90 年代以来逐渐成为热点,这一理论对教育领域最为突出的启示作用就是"学习是社会参与的过程"这一隐喻的提出。在情境学习理论中,实践共同体、学生深度参与、真实自然情境、情境认知这些是关键概念。情境学习理论坚持知识是情境性的观点,强调学习者是在真实情境中通过"互动—行动—反思"进行积极的自觉的认知建构,这样可以防止"呆滞的知识"(即无法迁移到相关情境

---

① Csikszentmihalyi M., LeFevre J.: Optimal experience in work and leisure. Journal of personality and social psychology, 1989.

② Csikszentmihalyi M.: Creativity: Flow and the psychology of discovery and invention. 1996.

中的知识,并使学生丧失学习兴趣和习得自主学习能力)的产生。可以说,这一理论对少年儿童组织校外阵地实践活动开展具有极大支撑力,它不仅论证了实践活动在少年儿童成长中广泛和深入开展的必要性,也从运用角度提出了指导。根据这一理论,校外实践活动不仅要积极并广泛的开展,还要形成"实践共同体",也即教师、父母、社区人员、社会其他人士、少年儿童自身等要彼此支持,创造和营造一致的、持续的、常态化的协作情境,提供自然的、复杂的并且是值得少年儿童努力去做的真实任务,为每一位少年儿童提供体验和学习不同事情的机会,这样促使少年儿童在有意义的学习中实现自主和自由的发展。

(三)　教育学理论:主体性教育理论与体验式教育理论

有研究者认为主体性教育理论是"我们时代的教育哲学"。[1]这一理论的基本思想在西方源远流长,可以追溯到古罗马教育家昆体良"教就是为了不教"的见解那里,近代以来的美国教育家杜威的"做中学"、文化教育学创始人斯普朗格的"教育本质是唤醒"等思想都是对主体性教育的有关探讨。在我国主要是 20 世纪 80 年代以后得到发展。主体性教育理论主张实施主体性教育,并通过这种教育培养具有主体性的个体,即具有自主性、主动性、创造性、智慧性的个体。作为一种实践论,主体性教育也能够"为实践活动提供规则和指导"。[2]以此反思校外阵地实践活动,因其本身就是一种教育,所以坚持主体性教育思想更有利于少年儿童的发展。首先,就是要确立人本的观念,尊重少年儿童的价值和尊严,确立少年儿童在实践活动中的主体地位;其次就是实践活

---

[1][2]　黄崴:《主体性教育理论:时代的教育哲学》,《教育研究》2002 年第 4 期。

动的目的在于促使少年儿童成为具有积极性、自主性和创造性的人,而不是成为机械的动作者;再次,在实践活动中需坚持启发、参与、交往、互动、发展、开放等原则,促进少年儿童逐渐自我生成。

体验式教育理论在西方的发展主要基于实用主义、建构主义等思想,在我国则体现为传统"知行观"指导下的认识。这一理论注重依据学生的身心特点和个体经历来创设相关的情境,使学生通过情境或实际生活中的实际体验与感受,经过反思与内化进而提升自我。在少年儿童成长过程中,包括少年儿童组织在内的各方教育力量所做的不是培养与实际生活相脱离的"书虫",而是要使少年儿童与周围生活发生千丝万缕的联系,在满足作为一个人成长所需要的"现场感"和"操作感"的基础上使少年儿童真实地面对这个复杂的世界,并培育少年儿童个体主动、能动建构知识,以及发挥主动性与创造性的能力。就校外阵地实践活动开展而言,就要通过在模拟情境的或真实自然环境中的活动开展,让少年儿童回归到现实生活世界中,在具有完整性的个体经历、参与、体验、感受、反思中得到成长。在这一过程中,实践活动的组织者要注意向少年儿童提出富有意义且有吸引力的活动任务,这也是少年儿童在成长中必须亲自解决的任务,是属于少年儿童自己的任务,这样少年儿童才能在任务完成和现场真实问题解决中获得真正的成长。

(四) 组织学理论:组织社会化理论与组织认同理论

组织社会化理论是 20 世纪中后期发展起来的组织行为学领域中的重要理论,尽管目前对于组织社会化概念的界定仍然纷繁多样,但普遍被认为其是个体社会化过程中相当重要的阶段,是一个个体从"局外人"转变成"局内人"的多因素综合作用的过程,同时也是组织成员持续的"做中学"过程。社会化是一个人成长过程中的必须要经历的事情,无论少年儿童是从一个自然人转变为一个普通的社会人,还是从少年儿童组织的"局外人"转变成组织的"局内人",都是社会化过程。在组织社会化理论下,校外阵地实践活动的开展具有了更深的价值意义和系统化特征。借助于这一理论可以看到,实践活动本身就是进行组织社会化的重要途径和手段,少年儿童借助于这些情境中的实践活动,通过观察、模仿、互动、协商、演练甚至奖惩等逐渐习得社会化规则与规范,进而更深入和更好地理解社会或组织的目标、价值观、历史、文化、人际关系甚至未来发展的预期,在逐渐产生与增强组织认同感中实现身份与角色的转变。

组织认同理论是 20 世纪 80 年代发展起来的一种组织行为学理论。一个组织要想深刻影响组织成员的态度和行为,首先要使成员产生归属感,即在价值观上与组织保持一致,并促进个体对组织形成"深层结构认同"。就少年儿童组织而言,少年儿童作为组织的主体,其认同感与归属感的出现与形成是在与组织内外人员的互动中实现的。少年儿童校外阵地及其活动的有效开展既能让少年儿童感知组织内群体的作用,也能通过与外群体的互动比较而增进对本组织的认知,因此成为促进少年儿童组织归属感建立的一个重要途径。此外,组织认同的本质以及少年儿童身心发展特点也决定开展校外阵地实践活动的意义所在,组织认同本质上是"对组织核心价值观的认同",[1]仅仅通过宣传和口头说教很难将价值观内化于人心,大量的历史和现实实践都表明

---

① 檀传宝等:《少年儿童组织与思想意识教育基本理论》,教育科学出版社 2014 年版,第144 页。

由于少年儿童身心发展的不成熟性和易受影响性,真实的社会体验和参与式自主活动是符合少年儿童理解价值观、认同价值观并接受和内化价值观的有效方式。

三、少年儿童校外阵地建设和开展实践活动的现实意义

少年儿童的成长是一个逐渐社会化的过程。在这其中,除了承担主要教育责任的专门机构学校要积极促进少年儿童的社会化以外,少年儿童组织也在少年儿童社会化的完成方面发挥重要作用。作为少年儿童组织功能实现的一部分,少年儿童校外阵地建设和实践活动的开展无论是对于少年儿童个人,还是对于组织自身的建设,抑或对于社会发展都具有重要现实意义。

(一) 教育意义:促进少年儿童个体和群体发展

阵地,按照现代汉语词典中释义为"军队为了进行战斗而占据的地方",今天多引申为在物质或精神方面建立或充实工作、学习、生活等的场所,且多用于思想文化领域。在我国,少先队作为少年儿童组织,据不精确考证,至少在1948年在大连成立第一个校外教育机构"儿童文化馆"时就已经有了"阵地"一词的使用。在对少年儿童进行教育过程中,逐渐建立不同类型的阵地而言,其最大的意义在于促进少年儿童的个体与群体的社会化。少年儿童组织校外阵地的建设,不是确立或建立某些个孤立的教育场所的问题,而是整合社会资源,为少年儿童成长所用的过程,这种"用"是有意识性、针对性、协作性、实践性的,是通过把生活化的日常场所有意识强化为有利于少年儿童成长的教育场所的

过程。依托广域的阵地场所和鲜明的阵地属性,少年儿童个体和群体可以获得在社会中的极大被尊重感和归属感,从而对组织和社会的信任感与责任感都会增强,并内化为个体与群体的发展动力。

（二） 组织意义：增强组织凝聚力并扩大组织社会影响力

少年儿童组织既具有相对独立性,又是社会结构中的一部分,因此不可能孤立于社会而独自发展。组织的生存与发展一方面取决于它自身满足成员需要的程度,另一方面取决于它的社会影响力。因此,对于我国的少先队这一少年儿童组织而言,因其日常活动场所多在学校内,与广义社会之间的联系相对比较少,因此在社会上的影响力明显偏弱,当少先队员在社会上与外群体交往互动时也较难产生组织光荣感和价值感,这对于组织建设和发展来说是不利的。因此,我国少先队组织打破局限于学校内部的发展模式,而是以组织的名义走向广阔的社会空间,通过各种校外阵地建设和实践活动的开展主动推动少年儿童参与社会公共生活,这不仅能帮助少年儿童在社会生活和亲身体验感悟中理解自己所属组织的意义,促进组织认同和自我概念的积极发展,增强组织凝聚力,还可以进一步促进少年儿童积极为组织而展开行动,主动提升组织生活质量,维护组织荣誉,扩大组织社会影响力,更大程度上实现组织功能的发挥。

（三） 社会意义：培养社会主义接班人和良好素质公民

在我国,最大的少年儿童组织是少先队组织,这一组织是由党创立和领导的,因此具有鲜明的政治性,其所要培养的首先是继承发展社会主义事业的"接班人"。社会主义是历经风雨磨难后的中国不二的道路选择,但如何让少年儿童更好地了解这一道路选择并愿意为这一道路的持续发展贡献力量,一个重要前提就是让少年儿童与社会主义社会中的各种现实产生紧密且真实的联系,与社会形成亲密的心理关系。在社会学理论中,时空接近性或熟悉性是建立这种亲密心理关系的重要因素,很难想象长期隔绝在一个黑暗屋子的人能对屋子外的他人产生热爱的情感与责任感。因此少年儿童与社会之间这种亲密心理关系的形成,一方面需要少年儿童主动走向社会,去观察、体验和活动,另一方面也需要社会主动以专门的组织阵地形式接纳少年儿童进行学习、体悟。正是在这样的有意识互动过程中,也是在真实的社会交往中,受"单纯曝光效应"①使然,少年儿童会由于熟悉而产生喜欢,由于喜欢而产生责任,由于责任而产生行为维护或行为改进,因而逐渐发展起爱的社会情感和责任感,也逐渐形成作为一个社会公民所具备的基本素质。

---

① 单纯曝光效应:是图片、符号、数字、声音等外部刺激信息只要经常暴露在人面前,就能增加人们对其喜欢程度的现象。20 世纪 60 年代,心理学家扎荣茨进行了一系列实验发现,只要让被试者多次看到不熟悉的刺激,他们对该刺激的评价就要高于那些没有频繁出现过的其他刺激。引自陆雄文:《管理学大辞典》,上海辞书出版社 2013 年版。

第二章
基于政策的少年儿童校外阵地建设
与发展历史回顾

我国少年儿童组织校外阵地建设与实践活动开展的历程与国家在校外教育事业上的发展几乎是同步进行。在一个国家内部,政策是主导某项社会事业发展的权威性行动方案或行为准则,既具有价值导向又具有实践性。从广义政策包含的内容来看,我国少年儿童校外阵地发展主要是靠有关校外教育的系列部门规章制度与其他政策文件等的陆续出台而不断得以促动的。

一、国家对少年儿童校外教育的重视初步搭建了少先队校外阵地平台

校外教育对少年儿童发展具有独特的教育价值。新中国成立伊始,我国就开始大力建设校外教育机构并开始实践活动,比如 1949 年大连儿童文化馆成立,1950 年长沙儿童公园建成,1952 年福州市少年之家和广州少年儿童宫成立,1953 年中国福利会少年宫成立,1956

年中国儿童艺术剧院成立等。不过,直到 1957 年 4 月教育部和团中央下发《关于少年宫和少年之家工作的几项规定》,才标志着我国校外教育已经纳入整个教育体系的范畴。同时这一文件作为我国校外教育史上第一个法规性文件,也标志着少年宫等校外活动场所开始成为我国最大的少年儿童组织,即少先队组织开展校外活动的重要阵地。

在这份文件中,特别明确了少年宫和少年之家的四项基本要求,其中之一就是要"少年宫和少年之家帮助学校的课外活动和少先队的活动,向教师和辅导员介绍课外活动的经验、内容和方法,培养训练少先队活动的积极分子",也在工作内容中指明要"多方面组织少年儿童的文化娱乐和休息活动,开展和指导少年儿童的阅读工作,培养训练少先队的辅导员和积极分子",特别是要专门设队室、辅导员资料室,并要"为少先队辅导员举办科学技术、艺术等各种知识和工作方法的讲座,组织辅导员的经验交流会、讨论会、观摩队会和实习训练,向学校推荐新的文娱活动资料,训练少先队的大中小队长、墙报编辑、大队文娱委员和鼓号手等"。①这标志着少年宫等校外活动场所开始成为我国最大的少年儿童组织——少先队及其开展活动的重要场所。据官网统计数据显示,1956 年全国有少年宫 5 所,少年之家 26 所,儿童图书馆 4 所,儿童俱乐部(文娱室)12 个,其他机构十几个,共约 80 所。到 1965 年底,全国除云南、贵州、天津之外的 26 个省市自治区有少年宫 112 个,少年之家 1 131 个,少年儿童活动站 5 119 个,少年儿童图书馆 422 个,

---

① 教育部、新民主主义青年团中央《关于少年宫和少年之家工作的几项规定》,http://www.xwjy.org/tresearch/camp/xiaowai_view.jsp? WgId＝WG_908125&ArticleCode＝1916898428&CID＝00002,引用日期为 2018-06-24。

少年科学技术站 73 个。这些都为全国少年儿童以及少先队这一少年儿童组织开展校外阵地活动提供了基础平台。

二、少年宫等校外教育机构在政策层面正式成为少先队活动"阵地"

从 20 世纪 70 年代末期起,以少年宫为主体的校外教育已经从经验型逐步上升到理性研究阶段,最主要的表现就是为数不少的校外教育研究会的成立,比如 1979 年北京市在全国最早建立了校外教育研究室,1986 年中国福利会少年宫牵头成立上海市校外教育研究会,1987 年全国城区少年宫工作研究会成立,1988 年中国青少年宫协会在成都宣布成立,1989 年中国教育学会少年儿童校外教育研究会成立(2004 年更名为中国教育学会少年儿童校外教育分会)等,这些都标志着少年儿童校外教育的深入,也意味着少年儿童校外阵地建设的理论指导意识越来越强。

与这种理论研究趋向保持一致,1983 年团中央少先队工作委员会和中国儿童少年活动中心在北京市联合召开全国校外教育工作经验交流会,这推动了新时期我国少年儿童校外教育事业发展的新篇章。1986 年,国家教委基础教育司、团中央少工委、全国妇联儿童部和中国儿童少年活动中心在黑龙江省大庆市联合召开全国少年儿童校外教育工作会议,共同确定了"齐抓共管"方针,更加提高了对校外少年宫教育重要性的认识。及至 1987 年,《国家教育委员会、共青团中央关于加强少年宫工作的意见》及附件《少年宫(家)工作条例(草案)》下发,明确指出少年宫(家)"是培养教育少年儿童不可缺少的校外活动场所,是社会主义精神文明建设的重要阵地",这是第一次在政策文件中正式把少年宫等校外教育机构措词为培养少年儿童的"重要阵地"。[①]为此,进一步要求少年宫的工作要"面向学校,面向少先队,为学校课外活动、少先队活动创造有利条件",要"通过多种多样有教育意义的、有趣味的、知识性很强的活动吸引少年儿童","要从全面培养教育少年儿童出发,不仅要通过各种活动给少年儿童以科学技术、文学艺术、体育等方面的各种知识,培养各方面的技能技巧和才干,而且还要十分重视对少年儿童加强共产主义思想品德教育",还要"配合少先队的重大教育活动和日常工作,为少先队辅导员举办讲座,培训少先队积极分子,传播开展活动的方式方法,开展少先队的示范性活动,为少先队提供信息和资料"。由此,少年宫等机构获得我国少先队组织的校外阵地"正式身份",极大促进了少年儿童对校外活动的参与度。

三、多部门携手联合推进少年儿童校外教育发展和阵地建设

20 世纪 90 年代,我国国家经济体制面临重大转型,国家发展进入一个新阶段。呼应人才培养需求的变化,1991 年 2 月国家教委、文化部、广播电影电视部、全国总工会、团中央、全国妇联、中国科协七家单位在广东省广州市联合召开全国少年儿童校外教育工作会议,集中商讨了如何切实加强少年儿童校外教育工作,创造良好的社会育人环境,

---

① 《国家教育委员会、共青团中央关于加强少年宫工作的意见》,http://www.xwjy.org/tr-esearch/camp/xiaowai_view.jsp?WgId=WG_908125&ArticleCode=1916898407&CID=00002,引用日期为 2018-06-24。

保护少年儿童健康成长,以及如何促进"八五"期间少年儿童校外教育工作的阵地建设等问题。同年 8 月 5 日联合发出《关于改进和加强少年儿童校外教育工作的意见》,在进一步确立各部门齐抓共管的方针外,还提出"新建的活动阵地要将青年和少年儿童分开,以便于加强和开展适合少年儿童特点的校外教育活动"。①紧接着在 8 月 13 日,七家单位又联合国家体委、新闻出版署发布了《关于创造良好社会环境,保护中小学生健康成长的若干意见》,其中特别提到"各地要重视青少年活动场所设施的建设。要从当地实际出发,依靠社会力量,把青少年活动设施的建设纳入城乡建设规划,努力使中等以上城市都建有一定规模和数量的少年宫(家、站)、少年儿童活动中心、少儿图书馆、少年科技中心(馆、站)、儿童公园和剧院等少年儿童校外教育活动基地。各县、镇也应努力创造条件,建立少年儿童活动场所。任何单位不得侵占、挤占少年儿童活动场所"。②据官网数据显示,到 20 世纪 90 年代末期,全国以少年儿童为主要服务对象的青少年宫(家、站)、青少年活动中心、青少年科技馆(站)、妇女儿童活动中心等各种形式的校外教育活动场所达 1 万多个,但综合性的、建筑面积达到 1 500 平方米以上大规模的比较少,只有 1 000 所。

---

① 国家教委、广播电影电视部、文化部、全国总工会、共青团中央、全国妇联、中国科协《关于改进和加强少年儿童校外教育工作的意见》,http://www.xwjy.org/tresearch/camp/xiaowai_view.jsp?WgId=WG_908125&ArticleCode=1916898376&CID=00002,引用日期为 2018-06-24。

② 国家教委、广播影视部、文化部、国家体委、新闻出版署、全国总工会、共青团中央、全国妇联、中国科协《关于创造良好社会教育环境保护中小学生健康成长的若干意见》,http://www.xwjy.org/tresearch/camp/xiaowai_view.jsp?WgId=WG_908125&ArticleCode=1916898051&CID=00002,引用日期为 2018-06-24。

四、市场经济体制下的校外阵地建设范围扩宽并开启质量评估保障

1995 年 6 月国家教委、文化部、国家体委、全国总工会、共青团中央、全国妇联、中国科协等七部委联合颁布《少年儿童校外教育机构工作规程》。在这份文件中，首先明确了少年儿童校外教育机构所涵盖的范围，"是指少年宫、少年之家(站)、儿童少年活动中心、农村儿童文化园、儿童乐园、少年儿童图书馆(室)、少年科技馆、少年儿童艺术馆、少年儿童业余艺校、少年儿童野外营地、少年儿童劳动基地，和以少年儿童为主要服务对象的青少年宫、青少年活动中心、青少年科技中心(馆、站)、妇女儿童活动中心中少年儿童活动部分等"，这意味着少年儿童校外阵地的范围也不断在扩大。同时，受到国家刚刚确立的市场经济体制影响，这一文件还明确"国家鼓励企业、事业组织、社会团体及其他社会组织和公民个人，依法举办各种形式、内容和层次的校外教育机构或捐助校外教育事业"，①并规定了具体的设立条件、程序等，这为少年儿童多性质、多样化、多元化校外阵地的建立和建设提供了政策依据和行为指导。此后的 1996 年，教育部基础教育司、共青团中央少年部、全国妇联儿童工作部共同拟定了《少年儿童校外教育机构评估标准(试行)》(草案)，并对全国 9 家少年儿童校外教育机构进行了试评，首开校外教育工作评估的先河，这既推进了校外教育机构的科学化、制度化、规范

---

① 《少年儿童校外教育机构工作规程》，http://www.xwjy.org/tresearch/camp/xiaowai_view.jsp?WgId＝WG_908125&ArticleCode＝1002622283&CID＝00001。引用日期为 2018-06-24。

化发展,也是对少年儿童校外阵地建设质量的保障。

五、阵地建设理念突出与生活世界相联系且社区阵地成为 新关注点

在世纪交替之际,我国改革开放二十年的成果显现,国家现代化建设事业进一步发展。面对着城市化进程的加快和人们对美好生活的提升性要求,1999 年中青联下发了《关于加强少先队社区工作的意见》,指出"随着我国改革开放和社会主义现代化建设事业的发展,城市化进程不断加快,社区日益成为人民群众包括广大少年儿童生活学习的重要空间",加强社区少先队工作已经是"我国经济社会发展的客观要求",是"实施素质教育,培养跨世纪合格人才的必然选择",更是"新形势下少先队事业发展的现实需要"。①为此提出依托社区团建,抓好社区队建的思想,并要求围绕提高少年儿童全面素质,开展少先队社区工作。社区作为重要的少年儿童校外阵地,开始受到广泛重视并得到发展。

六、阵地建设坚持政府投入为主和公益导向的同时鼓励社 会力量兴办

2000 年中央两办下发《关于加强青少年学生活动场所建设和管理工作的通知》(13 号文件),这使我国以少年宫为代表的校外教育进入

---

① 《关于加强少先队社区工作的意见》,http://zgsxd.k618.cn/wjk/wjk_80734/zqlf/
201701/t20170120_10122495.html。引用日期为 2018-06-24。

新的发展时期。文件强调要加强对青少年学生的校外活动场所的建设和管理，不得挤占或出租，并以政府投入为主。而且，"由国家和省、自治区、直辖市有关部门命名的'爱国主义教育基地'、'青少年科技教育基地'、'德育基地'等场馆、设施，要低费或积极创造条件免费向青少年学生开放，全国各级革命博物馆、纪念馆、陈列馆、展览馆、革命烈士陵园等单位对中小学校师生有组织的参观活动也要实行免费"，"积极鼓励和支持社会力量兴办青少年学生校外活动场所和捐助各种活动设施及经费。积极发展以社区为依托、公办和民办相结合的青少年学生校外活动场所"，①还提出了农村少年宫建设问题。

在 2004 年《中共中央、国务院关于进一步加强和改进未成年人思想道德建设的若干意见》（8 号文件）中提出要"把少先队工作纳入教育发展规划，把对少先队工作的指导、检查、考核纳入教育行政部门的督导、评估范畴……中小学校党组织和行政部门要积极支持少先队开展活动，并选派优秀青年教师担任少先队辅导员，把少先队辅导员培训纳入师资培训体系。要建立和完善校外辅导员制度，选聘热心少先队工作、有责任心、有能力、有经验的人士担任校外志愿辅导员……共青团组织和教育、民政等部门要密切协作，积极推进社区少工委建设，扩大少先队工作的覆盖面"。②整体来看，意见中涉及的少先队工作评估、辅导员培训纳入师资培训体系、完善校外辅导员制度、推进社区少工委建

---

① 中共中央办公厅、国务院办公厅：《关于加强青少年学生活动场所建设和管理工作的通知》，http://old. moe. gov. cn/publicfiles/business/htmlfiles/moe/s3325/201001/81964. html，2000-06-03/2019-01-04。

② 中共中央、国务院：《关于进一步加强和改进未成年人思想道德建设的若干意见》，http://siyanhui. wenming. cn/xb2015/dsj/201507/t20150706_2714638. shtml，2015-07-06/2019-02-01。

设等规划举措在很大程度上支持和促进了少先队校外阵地特别是社区阵地的发展。不仅如此,意见中也进一步强调了以爱国主义教育基地为重点的少年儿童活动场所建设、使用和管理问题,进一步提出免费、公益、服务等工作原则。2006 年《关于进一步加强和改进未成年人校外活动场所建设和管理工作的意见》(4 号文件)中也对上述问题进行了突出强调。

七、通过出台少先队校外教育专门文件大力提升校外阵地 建设意识

为了推进少先队工作社会化的进程以及为活跃和丰富少年儿童的校外课外生活,并提供良好的活动阵地和教育环境,2014 年全国少工委专门颁发了《关于加强少先队校外教育工作的意见》这一指导性文件,就少先队校外阵地建设和教育工作的开展提出了明确而又具体的意见。这一文件中宣布成立“中国少年先锋队全国校外教育工作指导委员会”,并提出要用办事业的精神,管好、建好和用好少先队校外活动阵地,再次明确实施少先队教育的基本途径只能是活动,并强化现有少先队活动基地和阵地的宗旨是“面向学校,面向少先队,面向所有少年儿童”,并在此基础上强调了对少先队校外活动阵地的机制建设和队伍建设,也明确表示要加强校外教育的理论队伍建设,在社区少先队组织建设上也进一步提出意见。这份专门针对少先队校外教育工作的文件,不仅表明团中央、全国少工委和相关部门在少先队校外教育上的重视程度,也揭示了少先队校外阵地建设的重大意义和迫切性,成为推动少先队校外阵地建设的一大直接政策依据。

八、呼应新时代创新阵地活动形式并凝聚多方力量服务全体少年儿童

在利用传统阵地作用基础上，呼应新时代人才培养要求和少年儿童发展需要，全国少工委和中国青少年宫协会还不断创新做法服务少年儿童。2016年，中少办联发《关于开展"流动少年宫"活动的通知》，组织发动城市(城镇)少年宫等校外阵地发挥专业师资、活动课程和设备器材等方面的优势深入农村为留守儿童、为进城务工人员随迁子女、为家庭贫困儿童和残疾少年儿童送服务，丰富这些少年儿童的精神文化生活。"流动少年宫"这一创造性做法使原来"静止不动的"阵地化为"走动着的"阵地，深刻践行了"面向所有儿童"的服务宗旨，不仅阵地建设得到提升，更加强了阵地的社会辐射力和影响力，真正实现了阵地应有的作用。

特别是在2017年，共青团中央、教育部、全国少工委联合下发《少先队改革方案》。作为落实党的十八大以来对共青团和少先队的要求的总体纲领，这一改革方案涉及少先队事业发展的方方面面，其中特别提出"拓展校外和社区少先队工作"，要积极依托区域化团建，整合用好城乡团内外各类阵地，组织开展社区、校外少先队活动，大力发展直接服务少年儿童和家庭的公益项目，探索建立社区少先队组织，充分发挥青少年事务社工、青年志愿者、"五老"、热心家长、社会各界专业人士在校外和社区少先队工作的作用，并鼓励和推动各级少先队组织积极开展有利于少年儿童健康成长的各类校外实践活动。同时，这一改革方案还提出要"建好用好少先队社会化活动阵地"，包括"联合教育等相关

部门和群团组织,推动少年宫、青少年活动中心(营地)等各类少年儿童校外活动场所、公共文化服务场所和社会文化教育设施,面向所有少年儿童免费开放,提供公益服务,开展实践教育,支持少先队活动。依托青年之家等青少年综合服务平台,建设少先队活动阵地。充分依托基层党群活动场所、社区、'乡村学校少年宫'、机关和企事业单位、部队营地等,共建共享,拓展活动阵地。动员各类资源,大力推动少年儿童校外活动营地建设。与各类社会文化教育和服务机构合作,联建少年儿童实践体验基地"。这一改革方案不仅在少先队校外阵地建设方面提出了政策要求,更作为实践中校外阵地发展和建设的有力政策支持引导着校外阵地的大发展。

　　总的来看,从新中国成立至今的七十多年历史中,我国少年儿童校外阵地建设一直得到国家重视,并沿着建设意识由不明确到明确,阵地数量由少到多,阵地建设理念由封闭走向开放的路径在推进。具体表现为以下几个特点:一是自上而下的路线推进方式;二是政策制定与理论研究和交流相结合;三是注重校外教育与学校教育的紧密结合;四是组建专职与兼职相结合的校外阵地辅导员力量;五是强调学校、家庭和社会资源作为阵地的尽可能利用;六是把开展适合少年儿童身心特点的活动作为阵地建设的主要方式。

第三章
我国少年儿童校外阵地建设和实践
活动现状

基于国家和民族命运的考量,我国少年儿童校外阵地建设和实践活动开展是每一个人都要努力承担的事业,不过这种承担需要建立在对现实清晰的认知基础上。

一、校外阵地建设和实践活动的基本指导思想

通过对新中国成立以来校外阵地历史发展的脉络梳理,以及 21 世纪以来的新政策精神理解和现实情况的考量,从学理角度探究我国少年儿童校外阵地建设与实践活动的基本指导思想可以进一步促进反思与发展。

(一) 学理概括

总的来说,我国少年儿童校外阵地建设和实践活动的开展始终坚持社会主义教育方向,与国家教育目的和青少年教育培养目标保持一

致,落实习近平总书记关于青少年与少先队工作的重要指示精神,在保持坚定的政治性立场上,把握政治性、先进性和群众性这一主线,紧密围绕立德树人根本任务,结合学校教育,依托区域化团建,以少年宫、社区、机关、企事业单位、营地、爱国主义教育基地、家庭等为基本活动场所,同时动员社会各类资源联建少年儿童校外活动基地,践行"以童为本",面向全体少年儿童提供公益服务,开展实践教育,满足少年儿童健康成长需求,推进少年儿童社会化发展,引导少年儿童树立中国特色社会主义理想信念和正确的世界观、人生观和价值观,培养少年儿童成为合格乃至优秀的社会主义事业建设者和接班人。

(二) 学理解析

对上述所总结的阵地建设和实践活动指导思想可以重点从三个方面来加以理解:

第一,我国少年儿童校外阵地建设和实践活动作为一种教育途径与方式,从性质上看属于社会主义教育,因此其目标必然与国家教育目的以及基础教育阶段的培养目标保持一致,即"培养德智体等全面发展的社会主义事业建设者和接班人",同时受到国家各个社会发展时期的教育改革政策、校外教育发展和德育工作等相关政策的指导与精神的引领。

第二,我国最大的少年儿童组织——少先队是中国共产党创建的,是党的后备力量和群团组织,因此政治性是第一属性,热爱党和社会主义国家的教育是应有之义,因此在校外阵地建设和实践活动中必须首先体现思想政治教育的内在要求并保持高度的政治敏锐性,要跟随党、团的建设思路,接受逐级领导,并能在区域发内开展创新性工作。

第三，少年儿童校外阵地及其实践活动的开展不是孤立进行的，一方面基于少先队组织与学校教育系统的天然密切关系，少先队员身份和普通学生身份的重合要求校外阵地建设和实践活动必须与学校教育活动相结合并相得益彰；另一方面少先队员身份和一般社会成员身份的重合要求校外阵地建设和实践活动必须真正与社会生活世界直接结合，从培养符合国家教育目标的社会人立场出发，协调各类社会场所有机配合，调动各种社会力量提供服务，真正用好各种社会资源，寓教育于少年儿童的日常生活中。

二、校外阵地的分类

"阵地"作为军事学用语，从最早所特指的一个或多个用于战斗的场所被借鉴应用于思想文化领域后，外延逐渐在扩大。特别是今天，当涉及对少先队校外阵地的理解时，除了传统的少年宫、爱国主义教育基地等，又伴随着社会变迁和时代的要求，社区、营地乃至社会任何一处资源都开始慢慢进入到对"阵地"的理解范畴之内。

在我国现阶段，对少年儿童校外阵地类型的划分是多种多样的。在多数研究中，往往把校内阵地和校外阵地结合在一起进行划分，但也有部分研究者或政策文件对校外阵地作过专门探讨。比如有研究者按照校外阵地的服务内容指向划分，认为校外阵地主要开展组织教育、宣传教育、科普教育、社会服务教育、劳动实践教育、综合教育等，因此会有专项教育阵地和综合教育阵地，比如校外科普教育阵地有少儿科学院、红领巾气象站、雏鹰网俱乐部等，而少年儿童活动中心、夏令营、少年宫，爱国主义教育基地等则为常见的综合教育阵地。①再比如《浙江省未成年人校外活动场所建设和发展纲要(2014—2017 年)》把校外教育活动场所分为以下三大类：直接为青少年提供公共服务的未成年人校外专门活动场所，包括青少年宫、校外素质教育(实践)基地；综合利用现有场所为青少年提供就近就便教育服务的未成年人校外日常活动场所，包括乡村学校青少年宫、社区青少年之家等；在服务社会的同时，为青少年提供某类教育服务的未成年人校外专项活动场所，包括爱国主义教育基地、科技馆、博物馆、图书馆、妇女儿童活动中心等。②本研究仅从阵地主体性质的角度做一简要分类。

(一)　少年宫

少年宫是我国目前发展时间最长也最为主要的一类少年儿童校外阵地，最主要的特点就是政府主管、综合性和成建制。从历史上看，自20 世纪 50 年代以来我国就积极引进并借鉴苏联的少年宫，把少年宫作为校外教育的代表，并通过指导基层学校活动、创建儿童业余社团、进行对外交流等途径以及丰富的思想政治教育活动、科学技术普及活动、图书阅读活动、少先队活动以及文娱、体育、游戏和夏令营等活动内容，迅速使少年宫成为我国少年儿童校外教育和少先队校外教育的重要场所。从新中国成立到目前，我国少年宫经历了四个发展阶段，即：创建时期(1949—1959 年)、发展时期(1959—1988 年)、体系形成时期(1988—2000 年)、走向新世纪时期(2000 年以后)。据 1956 年统计，全

---

① 时金林：《少先队大队辅导员工作提示(阵地建设篇)》，《辅导员》2007 年第 1 期。
② 沈艳：《青少年校外教育"软阵地"建设的实践探究——以宁波市青少年社区联谊会为例》，《青少年研究与实践》2016 年第 31 期。

国有少年宫 5 所,少年之家 26 所,儿童图书馆 4 所,儿童俱乐部 12 个,其他机构十几个,共约 80 所。①据不精确考证,目前全国有上万所各级各类少年儿童校外活动场所,其中少年宫有 3 000 多家,主要设在县级以上城市里面,另外在中央文明办、财政部和教育部联合举办的"全国乡村学校少年宫项目建设"推动下,国家拟到 2020 年实现全国各类乡村学校少年宫总数达 5 万所,这将更大发挥少年宫的作用。

研究者的调查数据统计显示,在对少先队员调查"你听说过的阵地类型"中,少年宫的熟知度也比较高,虽然从数据统计上看占比略低于"夏(冬)令营"阵地,但超过了 50%,不过乡村和县镇少年儿童的回答占比较之城乡接合部和市区都低一些,均不到 50%(见表 3-1)。虽然这些数据较为简单,但也在一定程度上说明乡村和县镇少年宫阵地建设与作用发挥还不充分。不过在乡村地区,少年宫这一阵地相比于其他阵地类型来说,是少年儿童所听说过的阵地类型中占比最高的,这也侧面说明少年宫的建设与发展中的历史影响力还是比较高的。

少年宫在我国能够成为少年儿童及少先队组织重要的校外阵地,源于自身所具备的三大优势:一是少年宫以实践性教育过程、活动模式开展教育,强调"做中学",使少年儿童能在活动中完成由实践到体悟再到认知的具体过程,这种实践性教育活动可以在一定程度上弥补当前学校教育体系中少先队组织活动教育和社会教育的不足之处。二是我国少年宫从一开始建立就是社会教育的重要场所,并与国家教育目标保持一致,直至今日在加强少年儿童思想道德建设、推进素质教育和社会主义精神文明建设方面发挥着重要作用,而这些也正是少先队组织

---

① 《了解少年宫教育历史,促进少年宫教育发展——我国少年宫教育发展的简介》,https://wenku.baidu.com/view/9d43b26983d049649a66583b.html,2016-04-12/2018-06-27。

表 3-1 不同区域少年儿童"听说过的阵地类型"占比(人次/比例)

X/Y	社区	家庭	少年宫	网上阵地	爱国主义教育基地	夏(冬)令营	博物馆、美术馆类社会公益阵地	其他	小计
市区	3 885 (39.58%)	1 854 (18.89%)	5 598 (57.03%)	1 945 (19.81%)	4 916 (50.08%)	5 769 (58.77%)	4 616 (47.03%)	1 025 (10.44%)	9 816
县镇	2 870 (27.57%)	1 965 (18.88%)	5 073 (48.73%)	1 360 (13.06%)	3 694 (35.49%)	5 666 (54.43%)	3 894 (37.41%)	1 723 (16.55%)	10 410
乡村	1 091 (27.06%)	1 137 (28.20%)	1 960 (48.61%)	643 (15.95%)	1 423 (35.29%)	1 807 (44.82%)	1 253 (31.08%)	629 (15.60%)	4 032
城乡接合部	326 (34.42%)	231 (24.39%)	530 (55.97%)	181 (19.11%)	427 (45.09%)	509 (53.75%)	417 (44.03%)	110 (11.62%)	947

说明:X 代表自变量,Y 代表因变量。以下同。

教育的基本目标,因此少年宫可以作为少先队组织直接服务少年儿童的机构平台,在引领和促进少年儿童全面发展方面起到很好的促进作用。三是我国少年宫不论是从创立建设角度还是从几十年的发展角度看都受到了党和国家的高度重视,特别是国家不同部门和多部门根据时代发展要求及时颁发系列政策文件来建设、完善少年宫作建制发展,使少年宫能更加有效地服务于我国少年儿童的全面发展。

目前,少年宫在少年儿童发展方面的任务不仅承继着历史,也随着国家校外教育理念的兴起和深入保持了发展中的开放性。在关于少年宫的最早国家文件《关于少年宫和少年之家工作的几项规定》(1957年)中,指出少年宫的基本任务是"配合学校对少先队进行共产主义教育,培养他们具有优良的道德品质;帮助他们巩固和扩大课堂知识,丰富他们的文化生活,发展他们多方面的兴趣和才能,锻炼他们的技能和熟练技巧",[1]此文件中所强调的政治思想教育、爱国主义教育和国际主义教育一直是少年宫工作中的核心主线。1987年国家教育委员会、共青团中央提出《关于加强少年宫工作的建议》强调少年宫的工作要从全面培养教育少年儿童出发,通过各种活动给少年儿童以科学技术、文学艺术、体育等方面的各种知识,培养各方面的技能技巧和才干,并同时重视对少年儿童加强共产主义思想品德教育,文件中还提出少年宫工作要面向广大少年儿童,面向学校,面向少先队,正确处理好普及和提高的关系,[2]可见少年宫的教育工作更加尊重学生的主体地位、内容

---

[1] 《中华人民共和国教育部、中国新民主主义青年团中央委员会关于少年宫和少年之家工作的几项规定》,http://www.hdjyyj.com/zlxz/885026.jhtml,2013-07-13/2018-06-27。

[2] 《国家教育委员会、共青团中央关于加强少年宫工作的意见》,http://www.chinalawedu.com/falvfagui/fg22598/21334.shtml,1987-02-28/2018-06-27。

形式也更加灵活多样。此后,关于少年宫这一校外教育阵地的政策文件中很少在文件名中出现"少年宫"字样,而是以更加广泛和概括化的词语,尤其是"校外教育"来涵盖这一教育场所,比如1991年国家教委等七个部委联合颁发的《关于改进和加强少先队校外教育工作的意见》,1995年联合颁发的《少年儿童校外教育机构规程》等。这一方面拓宽了少年宫的体系定位,但也使得少年宫的优势组织定位被削弱。特别是当前,少年宫在保持政府投入为主和公益性的同时,由于所处的地理区域原因以及一些诸如衍化成以盈利为目的的培训班等"变质"现象的存在,在一定程度上降低了其在城乡少年儿童发展中的普惠作用发挥。据研究者的调查数据显示,在学校主动建立的阵地类型中,无论是在市区还是乡村,少年宫阵地的占比都仅居于中间位次(见表3-2)。这个问题值得进一步反思。

表3-2 城乡学校主动建立的阵地类型占比(人次/比例)

X/Y	社区阵地	家庭阵地	少年宫阵地	爱国主义教育基地阵地	夏(冬)令营阵地	博物馆、美术馆类社会公益阵地	其他阵地	小计
市区	209 (18.29%)	43 (3.76%)	60 (5.25%)	162 (14.17%)	25 (2.19%)	69 (6.04%)	22 (1.92%)	1 143
县镇	148 (9.22%)	114 (7.10%)	109 (6.79%)	196 (12.21%)	26 (1.62%)	56 (3.49%)	63 (3.93%)	1 605
乡村	147 (8.43%)	149 (8.54%)	129 (7.40%)	129 (7.40%)	28 (1.61%)	11 (0.63%)	89 (5.10%)	1 744
城乡接合部	37 (14.57%)	8 (3.15%)	16 (6.30%)	48 (18.90%)	3 (1.18%)	5 (1.97%)	5 (1.97%)	254

2000年中共中央下发的《加强青少年活动场所建设和管理工作的通知》和2006年颁发的《关于进一步加强和改进未成年人校外活动场

所建设和管理工作的意见》,在规范少年宫公益性和明确功能定位,实现与学校教育有效衔接方面提出了要求;及至 2017 年 12 月共青团中央和全国少工委印发《关于进一步加强和规范团属青少年宫管理的意见》,特别提到青少年宫要"充分发挥示范引领功能,促进社会教育和学校教育、家庭教育的融合",要能"主动为其他青少年校外活动场所提供指导和咨询服务,促进青少年宫系统和青少年校外实践教育、社会教育活动实现规范发展",[①]等等。这些对于加强少年宫与学校少先队组织之间的联系,强化少年宫作为少先队校外阵地的属性以及作用的深入发挥都是有力的政策支撑。

当前,少年宫作为针对少年儿童的一种校外教育机构与场所,在面临社会经济体制变革以及教育思想大发展的背景下,关于是教育还是文化,是普及还是提高等的定位与功能发挥问题需要进一步去厘清和理顺,以保持高度的灵活性、科学性、前瞻性,在充分有效发挥其阵地资源优势基础上,切实达到良好的校外教育效果,为少年儿童的全面发展服务。

(二) 家庭

家庭是少年儿童成长的基础环境,也是少年儿童教育的三大支柱之一。家庭作为社会基层组织,其所特有的法定婚姻关系以及血缘关系使得家庭区别于其他社会机构和组织。家庭作为人生的第一所学校,作为传播社会、主流价值观的重要渠道,不仅家庭成员、家教和家风对于少年儿童健康成长有着潜移默化的影响,同时家庭也是帮助少年

---

① 《关于印发〈共青团中央、全国少工委关于进一步加强和规范团属青少年宫管理的意见〉的通知》,http://zgsxd.k618.cn/wjk/wjk_81143/zqlf/,引用日期为 2020-01-29。

儿童开展社会活动的最大支撑者之一,在物理空间、经济和精神等方面都可以提供最大的支持。因此在少年儿童校外阵地建设中,将家庭作为阵地类型之一有其独特价值和意义。

有关研究已表明,家庭作为少年儿童校外阵地开展活动是 20 世纪 50 年代的产物,其中主要的形式就是成立"小队之家",最初是为了解决当时城市小学半天在校半天在家的"二部制"问题。① 在此后十多年的时间里,以"小队之家"作为抓手的家庭阵地建设丰富了少年儿童校外生活,家庭阵地作用得到积极发挥。后来虽然随着二部制问题的解决,"小队之家"活动减弱,甚至有些"不再受到重视",但它仍保留了一定影响,在不同地区存在并发挥着积极作用。

下面是研究者访谈中了解到的 20 世纪 70 年代末期有关上海"小队之家"的一个案例:②

1978 年"六一"前夕上海在全国率先恢复了少先队,当时我在虹口区第三中心小学做大队辅导员。新学年开学不久,我与几位新任队长邀请同年春天出席全国科学大会的陈念贻伯伯来校与队员会面,陈伯伯讲的中国航天科学家们在极为艰难的岁月里自主研制出神奇火箭的故事唤醒了孩子们心中的激情,一场聚童愿、集童智,充满浪漫气息的活动——"火箭啊,前进!"在全队兴起。集体、伟人、远景等种种创意设计,给红领巾们带来了自教自推的强

---

① 张先翱:《张先翱少先队教育文集》(上卷),中国少年儿童出版社 2014 年版,第 581 页。
② 访谈时间:2018 年 4 月 9 日和 2020 年 2 月 15 日。访谈方式:电话和微信语音通话。感谢被访谈者提供历史信息资料和后期对文字表述的细致校正!

大动能,大中小队火箭捷报频传……可就在此时,四(1)中队的辅导员老师病了,无法再作辅导,但也就是辅导员老师的这无意"一放"使队员们充分发挥了自主性。在她生病期间,四一二、四一四小队完全依靠自己的力量,按小小宇航员必备的品格、体能、科学素养等条件,开展起了各类争创活动,有学队章等爱队活动,有活知识竞赛等学科活动,有集体练爬杆等健体活动,有到幼儿园为小朋友服务的公益活动,有为解决团队活动中产生的矛盾而召开的民主生活会……四一二小队长与妈妈商定,将自家亭子间让出来办"小队之家",邀请大家放学后到"小队之家"集合,一起做功课,玩游戏、拉琴唱歌、读科技书、做小实验……他们还将儿时当过小队长的妈妈拉了进来,请教怎么把小队活动搞得有声有色,更受欢迎。更为独特的是,在楼下小院子里还种下了一棵象征着小队团结向上精神的"一串红"。

当我下去发现了这些事迹后,抑制住内心激动,启发四年级组的大队长们筹备组织一次四年级"小队长工作经验交流会"……交流中自然各有精彩,但一致给出高评价的是四一二、四一四小队。与会队长一致要求大队给表彰,我提议用"命名"的方法获赞同。一场热烈的命名辩论展开,最后一致赞同叫"自动化小队",因为他们像火箭飞天一样,靠的是自动化。命名大会后,产生了雪球滚动效应,闪亮一点,引亮了一片……

"小队之家",阵地在家庭,但内核是少先队员自主性的发挥。另外,"小队之家"具有其他校外阵地形式无法复制的广泛性和群众性特点,"它可以遍及城市的里弄院落和偏僻的农村山区,覆盖全国各地",

"可以调动社会力量对校外教育的支持"，①可以说，无论是过去还是将来，这一家庭阵地形式都可以在少年儿童发展中起到非常有益和积极的作用。

不过，进入 20 世纪 90 年代后，家庭阵地作用逐渐与另外一种形式即蓬勃发展的"雏鹰假日小队"活动紧密结合，队员们不仅可以集体走进家庭，还可以走入社区或他们感兴趣的大自然或社会场所进行学习、体验或锻炼，与此同时很多学生家长承担了雏鹰假日小队的辅导员工作。有文献表明，在 1997 年暑假到 1998 年六一国际儿童节期间，仅北京一所学校就有 109 个雏鹰假日小队以自己队员的家庭为阵地组织了"一日营"活动，②若要从 1994 年这所学校开始进行假日小队"一日营"的应用性实验活动算起，在不到四年的时间里，累计举行了一万多次小队活动，有两千多名家长辅导员参与了活动辅导和指导，不仅增进了队员之间的交往，锻炼了生活技能，体验了社区文化，也真正实现了全民助队。此外，1995—1996 年间上海市少工委通过在长宁实验小学开展试点实验而确立的"快乐双休大转盘"活动更具有创造性，宝贵经验就是通过"建立小队队员轮流任干、队员家长轮流辅导的两轮联动的运转机制"③来组织小队假日活动，一如作为事件亲历者的被访谈者所言：④

> "小队之家"于 1995 年 9 月全国实行双休日制后又在上海大面积兴起的事实再次证明：孩子自主成长需要成人精心合理的

---

① 张先翱：《张先翱少先队教育文集》(上卷)，中国少年儿童出版社 2014 年版，第 582—583 页。

② 同上书，第 600 页。

③ 段镇、沈功玲：《上海少先队发展史》，上海教育出版社 2010 年版，第 499 页。

④ 访谈时间：2020 年 2 月 15 日。访谈方式：微信语音通话。

辅导。

双休日制使孩子们的闲暇时间猛增,而闲暇生活具有高价值。当年,我是市少先队总辅导员,深知对少儿的闲暇生活的安排、指导与组织已成少先队的一大重任。我们组织了一次大调研,发现问题还不少:双休,学生休,老师也休,学生假日生活无人辅导;双休不休、双休双修,双休无聊、双休孤独等的苦恼产生……市少工委针对面上问题,在长宁实验小学进行改革实验。之后该校创造并总结出了"雏鹰假日小队快乐双休大转盘"的活动经验,即建立小队队员轮流任干、队员家长轮流辅导的两轮联动的运行机制。

经验一传播,很快形成大面积辐射效应,全市12万支雏鹰假日小队相继建立,队员人人争当快乐双休小主人,家长个个乐做快乐双休辅导员。队员群体牵动家长群体,家长群体又推动队员群体,形成了"自动+后援"的运转格局。家长的轮流辅导,不知不觉地引发了一场家庭教育革命,家长不再封闭地、孤立地教育子女,开始重视让子女在同伴集体中生活、实践活动中锻炼,开放了门户,"把子女的同伴请进来,成为小队之家;把子女的同伴带出去,到大自然大社会中寻找快乐天地"。

1996年2月18日团市委、市教委等十三家市级单位联合发文,表达对"小队之家"及"小队假日活动"的支持。

总的来看,1995年雏鹰假日小队在全国得到推广;到1997年,全国"约有300万个雏鹰假日小队活跃在双休日和节假日"。[1]可以看到,

---

[1]　张先翱:《张先翱少先队教育文集》(上卷),中国少年儿童出版社2014年版,第587页。

雏鹰假日小队承继了"小队之家"的一些活动特点,但活动场所范围比其更加广泛,活动的组织也更加制度化和体系化,家长参与辅导小队活动的机会更多也更制度化。

进入 21 世纪之后,家庭在少年儿童成长中的作用重新受到重视,特别是在普通教育改革过程中重申家庭教育和家长的参与作用。2004年中共中央国务院在《关于进一步加强和改进未成年人思想道德建设的若干意见》文件中明确指出:重视和发展家庭教育……要把家庭教育与社会教育、学校教育紧密结合起来。不过,相比于 20 世纪 90 年代,受社会因素影响,少先队组织教育的家庭阵地建设似乎有减弱趋势。辅导员问卷调查数据显示,在问及"您校目前有哪些专有的少先队校外活动阵地"中,仅有 18.18% 的辅导员回应自己的学校建设了"家庭"阵地(见图 3-1)。

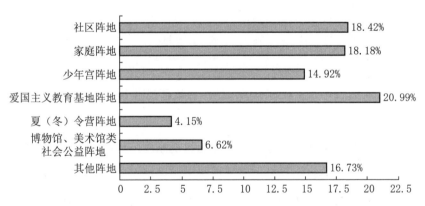

图 3-1　辅导员来源学校所建的专有少先队校外阵地类型统计图

据此数据可以认为,这一占比的绝对值不高,说明家庭阵地建设面临缺失,但同时从另一侧面看,毕竟在所列出的阵地类型中,家庭阵地占比排在第三位,说明这也可以是一种乐观现象,那就是至少还有一部分学校和辅导员是能充分认识到家庭的阵地意义和作用的。与此同时,交叉统计后发现,乡村地区对"家庭阵地"的建设比例高于其他区域类型(见表3-3)。在问卷调查中也有回答呼应了这一现象,比如河北秦皇岛 H 乡村小学就回应说自己的学校积极建立家庭阵地,特别是重点以"贫困家庭阵地"开展活动。

表3-3   不同区域辅导员来源学校所建的专有少先队校外阵地类型统计(人次/比例)

X/Y	社区阵地	家庭阵地	少年宫阵地	爱国主义教育基地阵地	夏(冬)令营阵地	博物馆、美术馆类社会公益阵地	其他阵地	小计
市区	317 (27.73%)	105 (9.19%)	125 (10.94%)	330 (28.87%)	57 (4.99%)	136 (11.90%)	73 (6.39%)	1 143
县镇	261 (16.26%)	272 (16.95%)	230 (14.33%)	368 (22.93%)	78 (4.86%)	120 (7.48%)	276 (17.20%)	1 605
乡村	234 (13.42%)	453 (25.97%)	319 (18.29%)	236 (13.53%)	48 (2.75%)	38 (2.18%)	416 (23.85%)	1 744
城乡接合部	62 (24.41%)	33 (12.99%)	34 (13.39%)	62 (24.41%)	14 (5.51%)	20 (7.87%)	29 (11.42%)	254

今天的少年儿童教育不仅仅是普通教育视野下的学校、家庭、社会三力合一的教育,还是少年儿童组织与这三力的合力教育。为此,作为以少年儿童为主体的少先队组织不能忽视家庭阵地的作用,这是因为尽管少先队员的组织身份主要体现在学校环境里,但家庭一直都是其接受影响和教育的重要环境之一。当前由于时代文化、经济体制以及居住模式等原因引起的种种变化,家庭阵地建设相应地需要创新性发展。进一步讲,为了切实推进家庭作为校外阵地的教育作用,需要家庭、学校和社会全方面协同努力与支持。家长要首先树立正确科学的教育观念,充分认识到家庭作为阵地在包括自己子女在内的少年儿童

发展中所具有的不可替代的恰切教育意义,建立起与少年儿童组织教育目的不相冲突的教育观念,这样才能主动建设家庭阵地并支持家庭作为校外阵地开展各种活动。另外,就是学校和社会给予家庭阵地各方面的理解、帮助和支持也是很有必要的。比如在以家庭为阵地主体开展少年儿童活动时,学校要能为家长提供关于少年儿童成长发展特点方面的知识,少年儿童组织给予家长关于活动开展的合理化建议,积极统筹好组织教育和家庭教育之间的联系,社会也需要给予家长更多的理解和帮助,尤其在政策上能多为家长提供与少年儿童活动的时间等。

(三) 社区

在我国,"社区"一词是外来词,最早由德国著名社会学家斐迪南·滕尼斯(F.Tonnis)著作《社区和社会》(1887 年)中首次提出。[1]在我国最早使用则是在 20 世纪 30 年代由社会学者英文意译而来,其中特别强调"地域"的含义,强调社会群体生活是建立在一定地理区域之内的,这也奠定了社区作为居民自治组织的性质特点。因此,尽管在对于社区的概念界定上学者们有不同的观点,有学者相对于学校教育而把社区的教育看作是非正规化教育,也有学者把社区教育等同于社会教育,两者并不进行严格的区分,关于社区概念的表述与侧重点上有所不同,但这并不影响人们对社区术语的使用。美国女作家安妮·泰勒(Anne Tyler)在《创造未来》中曾说:"也许学校不再像学校,也许我们将整个社区作为学习环境。"社区在某种程度上就是社会的具体化。因此,这

---

① 何肇发:《社区概论》,中山大学出版社 1991 年版,第 1 页。

句话极富启发意义,即我国最主要的少年儿童组织少先队主要是依托学校开展工作的,但这并不意味着少先队组织只是"学校里的组织"。特别是当有关"学校教育"的理念已经不再局限于学校围墙之内而拓展到社区及社会的时候,少先队组织存在和活动的场域更应该得到扩展。

对少年儿童组织教育的开展而言,建设社区阵地具有明显的可能性和教育积极性。在理论界,学者们普遍认为作为社会实体的社区通常包含以下要素:一是有以一定生产关系为纽带组织起来的且达到一定数量规模的人群,二是有人群赖以从事社会活动的且有一定界限的地域,三是有一整套相对完备的生活服务设施,四是有一套相互配合的且适应各社区生活的制度和相应的管理机构,五是有基于社区经济、社会发展水平和历史文化传统的文化、生活方式,以及与之相连的社区成员对所属社区在情感上和心理上的认同感和归属感。通过对社区要素的了解并结合我国社区的实际情况,可以认识到在我国社区作为少年儿童校外阵地的可能性:有一定的人群、地域、服务设施、制度和管理机构等,这些是社区成为少年儿童校外阵地的基础。更为重要的是,少年儿童所在家庭一般都位于某个社区,这就为将社区建设成少年儿童校外阵地提供了积极条件。将社区建设成少先队校外阵地,一方面因其与少年儿童生活环境密切联系,有利于少年儿童深入社会进行参与和感受,教育效果真实且长效;另一方面也有利于社区资源的充分利用,完善社区教育,营造社区幸福感进而丰富少年儿童的社会体验,增加对社会的了解与理性认知。

从 20 世纪 50 年代我国大力倡导少年儿童校外教育,到 60、70 年代"小队之家"活动的开展,再到 90 年代"雏鹰假日小队"全国品牌活动开始,及至今天社区建设的日益成熟,社区(社会)作为少年儿童校外阵地的功能逐渐得到挖掘,特别是随着社区少先队在全国范围内的广泛建立,其阵地功能越来越显著,作用也越来越大。进一步讲,从 1999 年 12 月共青团中央、教育部、民政部等部门联合下发《关于加强少先队社区工作的意见》,明确加强少先队社区工作的意义,到 2000 年 5 月下发《关于进一步加强少先队工作的意见》,号召通过与素质教育相结合、建设高素质辅导员队伍、加强团组织对少先队工作的领导,以及各级行政部门要将少先队工作指导、检查与考核纳入督导与评估工作范畴等加强"区、县、街道、居民小区、村等综合性、社区性少年儿童校外教育活动阵地"等意见,到 2016 年 6 月教育部等九部门发布的《关于进一步推进社区教育发展的意见》中提出"推动实现社区教育与学校教育有效衔接和良性互动……充分发挥共青团、少先队组织在青少年校外和社区教育中的作用",再到 2017 年 12 月共青团中央和全国少工委下发的《关于进一步加强和规范团属青少年宫管理的意见》中鼓励和支持"在青少年相对集中的乡镇、街道、社区等建立日常性校外活动阵地"等,社区在推进少先队组织教育方面取得了很大进步。在前面已经有所提及的"您校目前有哪些专有的少先队校外活动阵地"调查中,有 18.42% 的辅导员回应自己的学校建设了"社区阵地"(见图 3-1);另外,虽然从调查结果来看(见表 3-3),在市区与城乡接合部的学校比县镇与乡村学校更加注重社区阵地的建设,但从总体看,社区阵地建设都是已经受到重视或正逐渐受到重视的阵地类型。

当前,我国在推进社区作为少年儿童校外阵地建设中,已经注意到几个重要问题:其一,并不是社区开展的所有教育活动都是少年儿童组织活动,因此在以社区作为活动阵地时,要充分协调好社区和少先队之间的合作关系;其二,社区作为少年儿童校外阵地,需要有自身的特色品牌活动,基于社区打造精品少年儿童活动,需要形式活泼和内容丰富,从而引起少年儿童的兴趣和关注,进而会提高活动的良好效果;其三,社区作为少年儿童成长的校外阵地,开展的教育活动不仅需要关注少年儿童自身发展特点,适合其成长需要,也要充分发挥自身像特殊的教育环境、多样化的师资这样的区别于学校教育的特色优势,例如目前学校教育在一定程度上存在脱离社会实际的问题从而导致少年儿童社会生存能力相对薄弱,那么社区阵地就可以通过社会化模式在这方面大有作为。譬如,河北省秦皇岛海港区的社区少先队品牌"小虎子"活动就是一个好的案例:

"小虎子"这个名称源自《中国少年报》,第一支小虎子队伍于1979 年在海港区成立,主要针对社区内双职工家庭多、假期孩子无人照顾的情况而成立的,受到了广大家长的好评,并逐步在全区推广。现如今,小虎子活动在团区委、区少工委统一指导和管理下,由街道、社区具体组织,由学校和社会各界配合开展以未成年人思想道德教育为主要内容的少儿假期实践教育活动。通过学校面向全区 4 万余名少先队员发放《小虎子活动手册》,小虎子队员持《手册》到社区完成报到、参加活动、总结鉴定、评选优秀小虎子。同时团区委为每个街道团委提供 2 万元工作经费,为开展小虎子活动提供了强有力的组织保障。各街道吸纳辖区内老党员、义务辅导老师、艺术家、公安干警及社区团干部等人员组成社区辅导员队伍,充分利用社区内的活动室、广场、花园、居民家中等阵地,拓展企业、法庭、部队、高校等外部阵地建设,既发挥社区资源优势,同时最大化整合社会资源,更好地增强了小虎子活动的效果。①

　　可以看到,从 1979 年成立到今天,"小虎子"活动在四十年里能一直有持续的、好的发展和好的活动,这是非常难得的。其成功之处综合来看就在于上述几个方面之间的关系处理得比较好,包括:社区和学校少先队之间建立的良好关系、品牌特色的创建、团区委与区少工委的制度化管理以及各社区工作创新。

　　2004 年,中共中央国务院《关于进一步加强和改进未成年人思想道德建设的若干意见》中指出:充分发挥共青团和少先队在未成年人思想道德建设中的作用,共青团组织和教育、民政等部门要密切协作,积极推进社区少工委建设,扩大少先队工作的覆盖面。②至目前,我国社区少先队建设在理念层面上基本达成共识,很多省份、城市和社区都积极创建了社区少先队,虽然没有数据显示全国所建设的社区少先队总体数量,但可以看到部分区域的数量情况,比如上海长宁区作为上海最早设立社区少工委的区之一,到 2017 年 2 月已建有 10 个社区少先队大队、185 个中队和 610 个小队,③而杭州市网络公开统计数据表明,到 2018 年 2 月全市已建有 655 个社区少先队,④等等。在这些社区少先

①　《打造"小虎子"活动品牌　搭建青少年思想道德建设平台》,http://www.qhd.gov.cn/front_pcthi.do? uuid＝94AC3968ACAFB25A0A9D1070FA4A21EE,2019-03-15/2020-01-27。

②　《中共中央　国务院　关于进一步加强和改进未成年人思想道德建设的若干意见》,http://www.gov.cn/gongbao/content/2004/content_62719.htm,2004-02-26/2018-06-28。

③　《长宁社区少工委推特色章——让参与假期实践不再"走过场"》,http://www.shyouth.net/html/defaultsite/root_jcdt_sgtx/2017-02-17/detail_2157535.htm,2017-02-16/2020-01-28。

④　王洁等:《杭州市 655 个社区少先队假期活动很多》,http://zj.people.com.cn/GB/n2/2018/0214/c186947-31259357.html,2018-02-14/2020-01-28。

队中,有的已经形成了自己的突出特色,而社区少先队总体上也形成了非常好的少先队组织教育效果、社会影响和带动效应。2015年11月在杭州召开的"全国社区和校外少先队工作现场交流会"上,包括北京、天津、辽宁、吉林、河北、山西、安徽、山东、江苏、重庆、福建、广东、云南和新疆在内的14个省、自治区、直辖市介绍了社区少先队建设在政策保障、制度推进、队伍配备、体系建设、活动特色、品牌塑造、力量协同等方面的已有经验,也对进一步发展的思路与对策进行交流。可以说,这次大规模会议既是对社区阵地当前发展的一种极大鼓舞,也是对社区阵地持续发展的一个重要推动。

因此,社区作为社会的重要教育资源和少先队校外阵地,下一步更应该主动充分发挥其教育作用,不仅要继续积极构建社区少先队校外阵地体系化建设和活动管理机制,也要进一步在统筹社区各类教育资源基础上积极建立有效的少先队员社区教育模式,以更好引导少年儿童健康成长。

(四) 爱国主义教育基地

爱国主义教育基地历来是我国开展少年儿童校外教育的重要社会文化场所,主要功能是增强参观者的历史认同感和民族自豪感,增强积极投身国家建设的责任感。1994年中宣部颁布《爱国主义教育实施纲要》,指出爱国主义教育是全民教育,但重点是青少年,学校、部队、乡村、街道、机关和企事业单位,尤其共青团、少先队等组织都要把培养广大青少年的爱国主义情感作为思想政治教育的重要内容,此外还强调注意挖掘和利用社会各个领域的教育资源,积极搞好爱国主义教育基地的建设。自此之后,以纪念馆、博物馆、历史遗址、革命者故居、烈士陵园等为主要场所的爱国主义教育基地建设不断得到推进，在对广大少年儿童的思想政治、道德信仰、民族情感以及三观教育等方面产生着越来越大的影响。1995年，民政部确定了我国第一批100所爱国主义教育基地。1997年，中宣部向社会公布首批百个爱国主义教育示范基地，这进一步影响和带动了全国爱国主义教育基地建设。2001年，中宣部公布第二批百个爱国主义教育示范基地，2005年公布66个示范基地，2009年公布第四批87个示范基地，2017年又命名41个示范基地。可以看到，随着世界格局不断变迁、国际交流日益剧增、国际文化接触频繁以及国家建设愿景引领下，根据《爱国主义教育实施纲要》的精神以及对少年儿童社会化理解的加深，我国各个领域更加凸显了爱国主义教育基地的建设作为。据官方数据统计，截至2017年3月，全国爱国主义教育示范基地总数达428个，基本覆盖了从中国共产党成立到解放战争胜利各个历史时期的重大历史事件、重要人物和重要革命纪念地。[①]除此之外更多的日常生活化场所也越来越多植入爱国主义教育情怀。少年儿童爱国主义教育的生活化、文化化、日常化理念逐渐得到认识和推广。

在研究者有关"您校目前有哪些专有的少先队校外活动阵地"问题的调查中，发现有20.99%的辅导员回应自己的学校建设有"爱国主义教育基地阵地"（见图3-1），这个比例是调查中所列阵地类型中占比最高的，说明中小学能更积极地利用爱国主义教育基地对少年儿童进行教育。另外再据调查结果来看（见表3-3），在市区、县镇和城乡接合部地理区域，这一类型阵地占比也都最高，在乡村地区反倒占比较低，这种情况的出现往往与基地资源分布状态、活动组织者的理念、活动组织

---

① 《中宣部新命名一批全国爱国主义教育示范基地》，http://www.wenming.cn/xj_pd/ssrd/201703/t20170329_4149295.shtml，2017-03-29/2018-06-29。

的安全与便利以及经费保障等因素有一定关系。不过,在调查校外阵地人员是否"以主办方身份主动组织过针对少先队员的实践活动"这一问题时,爱国主义基地教育机构的回答占比为各占一半(见图 3-2)。这与研究者在现实中的走访了解比较一致,就是这些基地本身很少主动组织针对少年儿童的教育活动,一般就是接待来自各方的团体或个体且主要是成人,虽然也有少年儿童团体过来参观或参加活动,但主要是学校或其他社会机构组织的,或由父母带领参观。因此,基地本身如何主动地、常态地针对当地少年儿童开展"在地化"教育活动或面向全国少年儿童设计与开展有意义的活动,这是一个值得探讨的问题。

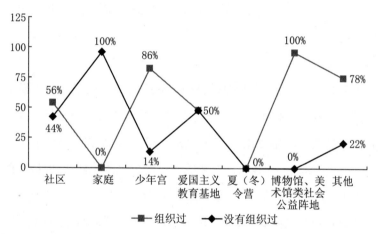

图 3-2 校外阵地机构以主办方身份组织少先队员实践活动占比图

少年儿童的思想政治教育是少年儿童组织教育中的核心部分,爱国主义教育基地作为直观形象的载体是爱国主义教育开展的重要依托地。2004 年,中共中央国务院发布的《关于进一步加强和改进未成年人思想道德建设的若干意见》文件也进一步强调要加强以爱国主义教育基地为重点的未成年人活动场所建设、使用和管理,充分发挥爱国主义教育基地对未成年人的教育作用。这在政策上是对爱国主义教育基地作用发挥的又一支持和要求。实践也证明,相比于课堂灌输式的爱国主义教育,通过爱国主义基地开展爱国主义教育会达到更好的教育效果。所以,作为少年儿童校外教育重要场所的爱国主义教育基地,如果力图不断提升教育效果和国家赋予的责任,不仅要在场馆建设上加强,更要挖掘深刻的教育内涵,提升服务少年儿童的公益理念,在管理运行和活动规划方面更加充分考量少年儿童的独特性,并能主动吸引少年儿童参加教育活动。

当前,我国爱国主义教育基地作为少先队校外教育阵地,在建设和发展中速度很快,也有很多内涵性建设,但仍然存在重形式轻内容、教育主客体不能有效利用爱国主义教育基地、教育效果评价机制缺失等问题。所以在将爱国主义教育基地作为少年儿童校外阵地的教育过程中,需要加强基地的特色建设,与此同时由于教育的本质最终要回归到人本身,因此基地建设和活动开展又不能脱离少年儿童自身的特点,需要在不断丰富基地内涵同时,结合时代发展特色和少年儿童组织教育特点,为少年儿童健康理性成长提供丰沃的土壤。

（五）公益组织阵地

随着 20 世纪 70 年代末的改革开放以及 90 年代中期社会主义市场经济体制的建立与发展,我国的校外教育不断发展和完善,少年儿童校外教育阵地也在建设和发展中更加成熟和符合时代潮流。当前,我国少年儿童校外教育阵地中的公益组织阵地也日益受到关注和认可。在现代汉语词典中,“公益”被解释为“公共的利益”。基于对教育公益的内涵理解,公益组织基地作为少年儿童校外教育阵地建设分类之一,主要是指社会中那些非政府的、不把利润最大化当作首要目标,且以社会公益事业为主要追求目标的社会组织,主要包括部分具有公益性质的事业单位、官方的非营利性机构和纯民间组织,具体有博物馆、美术馆、图书馆、科技馆等,各种基金会、民间非营利性研究中心或服务中心等,此外还有国际组织、企业社会责任、自组织等。官方的非营利性机构组织在我国主要是指挂靠在政府的一些分支部门下的经营性文化单位或公益性质机构。

据不精准查阅,除去大量的官方公立或民间私立博物馆、图书馆、美术馆以外,中国宋庆龄基金会、邵逸夫基金会、田家炳基金会、霍英东教育基金会、曾宪梓教育基金会、香港培华教育基金等教育基金会,以及中国儿童少年基金会、中国青少年发展基金会、北京青少年法律援助与研究中心、格桑花西部助学网、西部雏鹰助学网、广西壹心贫困山区助学服务中心等机构在我国都是著名或影响力比较大的公益组织。据2012年的一份研究表明,目前我国"以结社形式组成的教育类公益组织(包括社团、民办非企业单位、基金会、国际组织、已注册的非营利机构、未注册的非营利机构等)共约150家左右"。不过这其中,"遍布全国的爱心志愿者群体以及庞大的从事特殊教育的公益组织均未包括进来"。[1]据21世纪教育研究院发布的2019年度报告显示,到2018年,全国教育公益组织呈现一定的发展态势,"2008年及以前占比为31.02%,2009—2013年占比为31.02%,2014—2018年占比为38%",[2]其联合其他部门举办的2018年教育公益组织年会名录显示,当时至少已经有:非政府组织(NGO)439家,基金会158家,企业社会责任(CSR)70

---

[1] 刘胡权:《我国教育类公益组织的发展、现状、困境与对策》,《中国教师》2012年第7期。
[2] 21世纪教育研究院:《中国教育公益领域发展研究报告(2019)》,第26—27页。

家,教育类社会企业 62 家,国际组织 24 家,教师自组织 17 家。①这些组织日常工作与活动内容日益广泛,涉及捐资助学、教育政策倡导、教育研究、课堂教学和多元课程开发、阅读推广、教师培训、留守儿童与流动儿童关爱等教育领域的方方面面,并声明会不断地根据教育政策的变化,适时地对工作对象、内容、方法和社会关系进行调整。②符合社会公共利益、不以营利为目的、追求平等、强调非经济价值取向等是公益组织的主要特点。以下列举几个公益组织的情况:③

中国宋庆龄基金会:该公益组织是为纪念中华人民共和国国家名誉主席宋庆龄而在 1982 年成立的,2005 年正式更名为中国宋庆龄基金会。宗旨是"继承和发扬宋庆龄毕生致力的增进国际友好,维护世界和平;开展两岸交流,促进祖国统一;关注民族未来,发展少儿事业"。

中国儿童少年基金会:该组织成立于 1981 年 7 月 28 日,是中国第一个以募集资金的形式为儿童少年教育福利事业服务的全国性社会团体,是一个具有独立法人资格的非营利性社会公益组织。宗旨是"抚育、培养、教育儿童少年,辅助国家发展儿童少年教育福利事业,特别是贫困地区的儿童少年教育福利事业"。

中国青少年发展基金会:该组织是由共青团中央、中华全国青年联合会、中华全国学生联合会和全国少先队工作委员会于

---

① 21 世纪教育研究院:《中国教育公益领域发展研究报告(2019)》,第 26—27 页。
② 21 世纪教育研究院:《11 月 27 日:教育公益组织研讨会举行》,http://www.21cedu.org/?nson/id/214/m/722.html.引用日期为 2020-02-08。
③ 各公益组织简介资料均来源于网络。

1989 年联合创办的,是具有独立法人地位的全国性非营利社会团体。宗旨是"争取海内外关心中国青少年的团体、人士的支持和赞助,促进中国青少年教育、科技、文化、体育、卫生、社会福利事业和环境保护事业的发展,推动现代化建设和祖国统一,促进国际青少年间的友好关系,维护世界和平"。

北京青少年法律援助与研究中心:该组织成立于 1999 年,是中国第一家专门从事未成年人法律援助与研究的公益性机构。工作宗旨是"依法维护未成年人的权益,推动未成年法学研究与立法,促进中国民主法制化建设"。

格桑花西部助学网:该组织成立于 2005 年 2 月 19 日,是由关注西部的志愿者自发组织的民间公益性助学组织。宗旨是"通过网络与现实社会的互动,支持西部教育"。

广西壹心贫困山区助学服务中心:该组织是在广西民政厅注册的一家公益组织,机构长期以儿童教育为目标,运用专业的社会工作理论和方法帮助贫困山区儿童打造健康的教育环境,提升贫困山区的教育水平,让孩子的心灵得到健康成长。

这些公益组织在促进少年儿童多方面发展中起到了非常重要的作用。不过也应当看到,目前这些组织多是在普通教育领域开展教育活动的,虽然调查显示各地少年儿童参与的博物馆、美术馆类阵地活动较多(见表 3-4),但在调查校外阵地人员时,反映出来的却是在开展针对少先队员的校外阵地活动方面缺少规划或计划(见图 3-3)。

那么,在未来发展中,如何促进其增强对少先队组织成员的关注,并有意识加强少先队组织元素活动的开展,使之成为少先队组织阵地的一部分,这是一个值得关注的重要话题。不过比较乐观的是,在研究

表3-4　少先队员参加过的由校外机构组织的阵地活动(人次/比例)

X/Y	社区	家庭	少年宫	爱国主义教育基地	夏(冬)令营	博物馆、美术馆类社会公益阵地	其他	小计
市区	1 752 (46.19%)	865 (22.81%)	1 476 (38.91%)	1 587 (41.84%)	1 733 (45.69%)	1 982 (52.25%)	207 (5.46%)	3 793
县镇	1 260 (39.74%)	794 (25.04%)	1 129 (35.60%)	1 207 (38.06%)	1 328 (41.88%)	1 350 (42.57%)	347 (10.94%)	3 171
乡村	540 (41.00%)	508 (38.57%)	540 (41.00%)	567 (43.05%)	439 (33.33%)	482 (36.60%)	133 (10.10%)	1 317
城乡接合部	170 (50%)	113 (33.24%)	147 (43.24%)	167 (49.12%)	128 (37.65%)	158 (46.47%)	19 (5.59%)	340

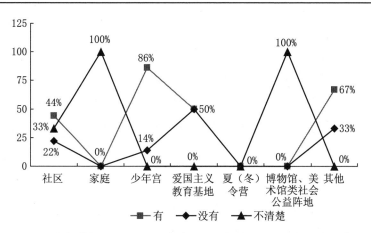

图3-3　校外阵地机构开展针对少先队员的校外实践活动年度计划情况

者设计的另外一个有关"愿意在多大程度上协助中小学开展少先队校
外实践活动"的问题调查中,以及访谈到的社会公益机构负责人都表达
了这样一种愿望,即愿意百分之百地来协助中小学开展少先队校外实
践活动。这为双方或多方协同建设阵地并共促少年儿童发展提供了认
知保障。另有不同的研究在结合已有现实基础上进行分析后发现,当

社会组织或公益性组织在与政府的关系中如果处于"参与中成长"①模式(即非对立也非完全独立的状态),并且通过"项目化运作"相互沟通建立"并行互动关系"时,②可能会得到更好的发展,而整个社会也会在其中受益。事实上,依据 21 世纪教育研究院 2019 年度报告中给出的"中国教育公益分布图谱(2018 年版)"③内容来看,结合少先队校外活动的性质和目标,二者完全可以在"终身学""引职业""成为人""同伴行""近社会""亲自然""倡美育""促行动""会表达"等教育行为模块实施方面融合起来,共同助力少年儿童发展。

不过,在理解作为公益组织或自组织的少年儿童校外教育阵地建设时,也需要注意理解公益性和营利性不是完全对立的关系,适当收费的校外教育也可以具有很高的公益性,如何在免费和适当收费之间达成平衡并使教育活动真正具有普惠性,这是要认真思考的问题。当然,作为少年儿童校外公益组织阵地,想要真正实现服务和促进国家少年儿童成长的责任,也更需要借助先进的社会发展理念和教育理念,将发展与普惠的教育公益理念贯彻落实到实际活动中。

(六) 营利性校外阵地

对于营利性少年儿童校外阵地中"营利"的理解有助于把握公益性阵地与营利性阵地之间的区别。根据《中华同义词词典》,"赢利"指的是经营的财务状况,不强调经营的目的性(是否以追逐利润最大化为目的),而强调结果(获得了利润);而"营利"强调的是主观上谋取利润,是

① 李占乐:《政府与社会公益组织合作的现实困境和角色定位》,《领导之友》2012 年第 9 期。
② 蔡屹:《项目化运作中社会公益组织和政府之间互动关系研究——以上海市 X 区为例》,《华东理工大学学报》(社会科学版)2011 年第 11 期。
③ 21 世纪教育研究院:《中国教育公益领域发展研究报告(2019)》,第 42 页。

以追逐利润为主要甚至唯一的目的,因此区分"营利"与"赢利"主要是看获利是主要目的还是结果。"营利"的否定用法可以使用"非营利",而与"赢利"相对的是"亏损"。因此,营利性校外阵地与公益性阵地的主要区别在于是否以利润的获取为最大目的。如前所述,在开展少年儿童校外教育活动时,公益性阵地可能会收取少量费用甚至是免费,而营利性阵地尽管其开展活动的目的也是为了引导少年儿童健康成长,但是其目的之中还包括获取利润这一根本目的,它会收取相对较高费用。

在目前,随着我国社会主义市场经济体制的建立和成熟,主要以夏(冬)令营、研学机构、素质拓展中心等为代表的营利性阵地得到很大发展。另外,2017年全国少工委发布《少先队改革方案》,主张建设公益性夏(冬)令营,"完善扩大少年儿童校外活动服务联盟,推动成立少年儿童夏(冬)令营活动社团组织,制定推行专业标准,争取各级财政和社会支持,大力开展公益性、普惠性夏(冬)令营等假日活动"。[①]此外,《少先队2017年工作要点》中也提出要"丰富拓展校外少先队实践活动"、"大力推进开展夏(冬)令营活动和研学旅行"。所以,虽然目前对以夏(冬)令营为主的营利性阵地数量尚无确切统计,或者其中也存在一些"乱象",但不可否认这些社会实践型的、游学型等的夏(冬)令营在满足不同少年儿童个体或群体成长需求方面确实起到了一定作用,同时结合全国少工委推动少先队组织教育的思路,在营地教育方面二者可以结合、协同乃至融合起来。这是因为,研究者在调查中问及少先队员"你喜欢什么形式的校外少先队活动?"时发现无一例外地,"现场进行活动参与和体验形式"类型的校外活动最受队员们喜欢(见表3-5);当研

---

① 中国少年先锋队:《共青团中央、教育部、全国少工委、关于印发〈少先队改革方案〉的通知》,http://cdn.k618img.cn/61gqt/wjk/pdf/201704/P020170425347625951415.pdf,引用日期为2019-01-30。

表3-5 少先队员最喜欢的阵地活动类型（人次/比例）

X/Y	听报告讲座形式	参观形式	小记者采访形式	大家围坐研讨形式	队员登台表演形式	作品制作形式	现场进行活动参与和体验形式	其他形式	小计
市区	1 966 (20.03%)	5 479 (55.82%)	3 693 (37.62%)	3 367 (34.30%)	3 667 (37.36%)	3 773 (38.44%)	6 704 (68.30%)	194 (1.98%)	9 816
县镇	1 947 (18.70%)	5 224 (50.18%)	3 751 (36.03%)	3 508 (33.70%)	3 620 (34.77%)	3 293 (31.63%)	6 446 (61.92%)	366 (3.52%)	10 410
乡村	913 (22.64%)	1 931 (47.89%)	1 335 (33.11%)	1 334 (33.09%)	1 530 (37.95%)	1 350 (33.48%)	1 973 (48.93%)	203 (5.03%)	4 032
城乡接合部	208 (21.96%)	509 (53.75%)	367 (38.75%)	326 (34.42%)	348 (36.75%)	333 (35.16%)	588 (62.09%)	27 (2.85%)	947

究者继续问及"你最喜欢哪一个阵地的活动?"时,无论是市区、县镇还是乡村或城郊接合部学校,"夏(冬)令营阵地"都是队员们最喜欢的阵地(见图 3-4)。

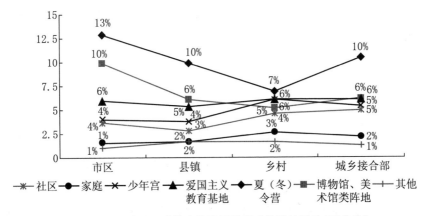

图3-4　不同地理区域的少先队员最喜欢的阵地活动(百分比)

究其原因,这固然与此一阶段队员们的年龄、身心发展以及思维特征等有密切关系,但与营地本身的活动特点与教育方式也有很大关系。因此,尽管营利性校外阵地会收取费用,有时甚至很高,但是也不可否认,它之所以能够成为少年儿童最为喜欢的阵地活动,并在助力少年儿童成长方面发挥作用,这与其自身定位和活动设计更贴近儿童特征和发展需求有直接关系。相比于大多数学校所开展的活动,营利性阵地组织的活动更加具有特色、针对性和丰富性,更能增加少年儿童多方体验。所以,协调好营利性校外阵地和少年儿童组织及其少年儿童之间的合作,以政府购买服务、半营利半公益、公益免费等不同方式力促二者结合地、融合地、规范地开展活动是拓展少年儿童校外教育活动的重要途径之一,这样既能够以较低成本助力少年儿童能力的提升,也能使少年儿童真正了解社会运行的规则,在实现个体与群体社会化方面更加真实和有力。

（七） 多方协作的融合性阵地

多方协作的融合性阵地，从字面意思上理解是以两个或两个以上的机构与组织协同组织或开展活动的阵地。少年儿童校外教育阵地的建设与发展需要学校、社区、家庭以及少年宫等校外教育阵地之间相互合作，充分发挥各自的资源优势，形成教育合力，进而更好地促进少年儿童健康发展。多方协作的融合性阵地有的一开始就是协作建立，也有的一开始是由一方组织或个人倡导进而在过程中发展成为多方协作。目前在全国，这类阵地数量是比较多的，像浙江湖州市未成年人心理健康教育辅导中心就是一个较为典型的由湖州市文明办、团市委、市教育局、湖州师范学院等多方联合主办的融合性阵地。

三、校外阵地建设的基本形式

在我国，每名 6—14 岁少年儿童不仅作为少先队员，还是一名普通小学生或者中学生，身份具有双重性。所以在少年儿童校外阵地建设中，不仅主张且需要少年宫、社区、爱国主义教育基地等校外机构、社会组织或团体甚至个体有自身规建阵地的意识和能力，学校作为少年儿童的主要教育者也是开发和建设校外阵地的重要主体。因此从阵地建设主体的角度看，我国少年儿童校外阵地建设主要有两种形式，即分别以学校、校外阵地自身作为阵地的主动建设者和活动组织者。

（一） 以学校作为组织者

从目前少年儿童校外阵地建设和活动组织实际情况来看，学校可以作为校外阵地有意识的建设者和组织者。这主要是由于我国少先队这一最大和最重要的少年儿童组织附设在学校机构里的缘故。

　　学校作为阵地组织者的最主要表现就是学校利用周边资源优势，主动搭建校外阵地。学校可以根据学校发展理念与目标以及特色，结合地理因素等情况，筛选出适合学校的校外阵地，并在活动目标、基本建设、服务内容、人员力量和组织嵌入形式等方面加以沟通，一般后期可以通过挂牌等方式标识阵地的存在。这是学校通过主动行为把校外资源规建为自己的阵地，少年儿童可以通过参观访问、科学实践、亲身参与体验等方式直接借助阵地的资源开展活动，属于灵活利用社会资源优势开展少年儿童组织活动的借用型阵地。当然，学校也可以利用自身资源或优势主动打造专属型校外阵地，但这需要有较多的经费、资源、人力等支持，因此这种阵地并不太多。

　　在研究者所做的一些访谈和问卷调查中显示，多数学校都会有意识建设一些阵地，并开展有利于少年儿童发展的校外实践活动。根据对辅导员的调查数据显示，在学校已有的少先队专有校外阵地中，最多的阵地是爱国主义教育基地阵地，其次是社区阵地和家庭阵地（见图3-5）。

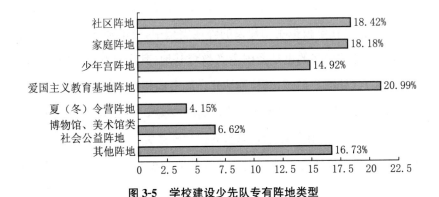

图3-5　学校建设少先队专有阵地类型

如果从城乡不同地理不同的学校情况来看(见表 3-6),已有的专有阵地类型有一定差异,体现了地理位置差异和利用状况。市区学校已有的专有阵地主要是爱国主义教育基地和社区;县镇学校主要是爱国主义教育基地、家庭和社区;乡村学校主要是家庭和少年宫;城乡接合部学校主要是爱国主义教育基地和社区。可以看出,阵地建设的共性也比较明显,比如爱国主义教育基地在市区、县镇和城乡接合部都是最主要的阵地类型。

表 3-6　城乡地理位置不同学校的专有校外阵地类型(人次/比例)

X/Y	社区阵地	家庭阵地	少年宫阵地	爱国主义教育基地阵地	夏(冬)令营阵地	博物馆、美术馆类社会公益阵地	其他阵地	小计
市区	317 (27.73%)	105 (9.19%)	125 (10.94%)	330 (28.87%)	57 (4.99%)	136 (11.90%)	73 (6.39%)	1 143
县镇	261 (16.26%)	272 (16.95%)	230 (14.33%)	368 (22.93%)	78 (4.86%)	120 (7.48%)	276 (17.20%)	1 605
乡村	234 (13.42%)	453 (25.97%)	319 (18.29%)	236 (13.53%)	48 (2.75%)	38 (2.18%)	416 (23.85%)	1 744
城乡接合部	62 (24.41%)	33 (12.99%)	34 (13.39%)	62 (24.41%)	14 (5.51%)	20 (7.87%)	29 (11.42%)	254

另外就是在学校拟主动建设的阵地类型中,根据辅导员问卷统计结果显示,考虑最多的也是爱国主义教育基地,其次是社区,然后是家庭和少年宫(见图 3-6),对其他阵地建设的考虑相对比较少。

城乡地理位置不同学校在拟建设的阵地类型中(见表 3-7),市区学校多关注社区和爱国主义教育基地,县镇学校多关注爱国主义教育基地和社区,乡村学校较之于爱国主义教育基地和少年宫来说则更关注社区、家庭阵地建设,城乡接合部学校关注爱国主义教育基地和社区。

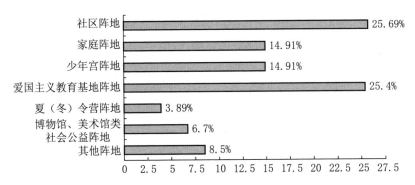

图 3-6　学校拟主动建设的校外阵地类型

表 3-7　城乡地理位置不同学校拟主动建设的校外阵地类型

X/Y	社区 阵地	家庭 阵地	少年宫 阵地	爱国主义 教育基地 阵地	夏(冬) 令营 阵地	博物馆、 美术馆类 社会公益 阵地	其他 阵地	小计
市区	209 (18.29%)	43 (3.76%)	60 (5.25%)	162 (14.17%)	25 (2.19%)	69 (6.04%)	22 (1.92%)	1 143
县镇	148 (9.22%)	114 (7.10%)	109 (6.79%)	196 (12.21%)	26 (1.62%)	56 (3.49%)	63 (3.93%)	1 605
乡村	147 (8.43%)	149 (8.54%)	129 (7.40%)	129 (7.40%)	28 (1.61%)	11 (0.63%)	89 (5.10%)	1 744
城乡 接合部	37 (14.57%)	8 (3.15%)	16 (6.30%)	48 (18.90%)	3 (1.18%)	5 (1.97%)	5 (1.97%)	254

　　总体来看,学校对爱国主义教育基地的阵地意识比较强,这和我国少先队组织的属性和组织目标具有一致性。另外,普遍对社区阵地建设意识也在加强。家庭作为阵地也比较受到关注。其他阵地建设及其意识下的活动类型和频次显得比较少。

　　"阵地"是我国少先队组织教育中的具有特定含义的词汇,因此和一般的少年儿童实践活动基地具有语义上的区别。在我国全国各地广泛的社会资源中,有关少年儿童的教育实践活动基地很多,但被明确作为少先队校外阵地长期加以建设和利用的比例数较低,这需要在意识和实践层面上不断加强。因此,加快优秀社会资源阵地化的推进是少年儿童校外阵地建设中的一件迫切事情。

(二) 以阵地本身作为组织者

校外阵地机构在性质上天然适合作为阵地的建设者和组织者,因为"大教育观"下任何社会资源只要有意识地加以开发和利用都具有教育意义。前面所述的诸多类型的校外阵地目前在策划、组织相关少年儿童实践活动方面也比以往更加活跃,也出现了很多具有典型教育意义的活动项目。研究者针对校外阵地人员的调查问卷统计结果显示校外阵地机构以主办方身份组织过的针对少先队的实践活动情况基本良好(见图 3-7)。可以看到,被调查到的校外阵地机构中,70%的机构都曾经组织过。不过,30%的机构没有组织过,这个比例数字也值得引起重视。

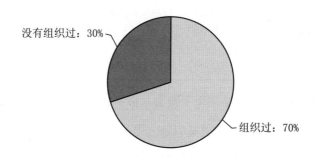

没有组织过:30%

组织过:70%

图 3-7 校外阵地机构以主办方身份组织过的少先队实践活动情况

在校外阵地组织的这些活动中,主要开展的是社会公益活动、组织生活体验活动、进行集体学习活动,其次是旅行研学、表演类、竞赛类活动(见图 3-8)。

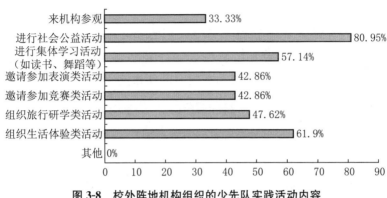

图 3-8　校外阵地机构组织的少先队实践活动内容

　　校外阵地自身拥有的这些非常丰富的可利用资源为少年儿童接受鲜活生动的教育体验提供了基础,但就像前面问卷调查中所反映的以及在访谈中也有所发现的,一部分被明确标识了的阵地除了运行日常接待工作职责外,在主动拓展针对少先队员的实践活动并不十分踊跃。所以这些阵地在创新活动或有意识通过项目化服务活动推进少年儿童思想意识教育方面还需要进一步加强,比如社区阵地、爱国主义教育阵地等都可以利用自身定位和优势资源条件,有意识采用多种方式联合其他机构合建、合用场所,主动协调开展针对少年儿童的创新实践活动,在提升自身作为校外阵地的品牌效应的同时,最大限度扩大少年儿童活动空间,吸引更多元化的资源进入阵地,为少年儿童创造更加丰富的社会体验。

四、校外阵地建设的主要内容

　　阵地建设内容既包括保持阵地自身机制运行的内容,也包括开展阵地实践活动的主要内容。

（一） 阵地自身机制运行的内容建设

1. 阵地建设目的与目标

自古以来，人类的活动都包含有目的性作用的结果。从人与事物发展的关系角度看，目的和目标的存在是事物发展的指向，也是促进事物发展的根本。目的中所蕴含着的明确意识性、本己的意欲性、实现的可能性以及实现的预期性，既体现了人在事物活动中的主体性，也体现着事物发展的客观性。因此，正确认识目的本身以及构成目的的目标，能够更好推动事物的发展。

少年儿童校外阵地建设的目的，无论是新中国成立初期还是当前，都一直保持着一致性，即与我国教育目的保持着一致性，"培养德智体等全面发展的社会主义建设者和接班人"。当然，这是宏观层次的外在目的。如果从内在目的角度看，就是培养生动活泼、健康快乐、全面发展的中国少年儿童。如果从少年儿童德育角度出发，显然又和我国现阶段中小学德育目标具有一致性，2017 年教育部下发的《中小学德育工作指南》在总则中首先指出中小学德育要坚持学校教育与家庭教育、社会教育相结合，不断完善中小学德育工作长效机制，全面提高中小学德育工作水平，为中国特色社会主义事业培养合格建设者和可靠接班人，之后又表述了我国中小学德育工作总体目标是：

培养学生爱党爱国爱人民，增强国家意识和社会责任意识，教育学生理解、认同和拥护国家政治制度，了解中华优秀传统文化和革命文化、社会主义先进文化，增强中国特色社会主义道路自信、理论自信、制度自信、文化自信,引导学生准确理解和把握社会主义核心价值观的深刻内涵和实践要求,养成良好政治素质、道德品质、法治意识和行为习惯,形成积极健康的人格和良好心理品质,促进学生核心素养提升和全面发展,为学生一生成长奠定坚实的思想基础。①

可以看到,我国少年儿童校外阵地建设的总体目标和德育目标中所达到的对人的培养规格是一致的。在我国,少先队阵地教育是对少先队员进行组织教育、自我教育和实践教育的一种重要形式和有效手段,加强少先队校外阵地建设目的在于通过校外社会环境培养少先队员爱党、爱国、爱人民的思想政治意识,了解和认识先进的社会主义文化,养成爱党、爱国和拥护国家政治制度的正确政治态度,建立起朴素的政治情感,这是政治目标所在,也是最为根本的目标。此外,校外阵地的建设目标还在于通过各种形式的活动开展让少年儿童在组织活动中了解我国发展历史和传统社会文化,建立起国家与社会发展的主人公意识,培养起主体性、自主性、能动性和创造性,使之具备社会交往和适应能力,并形成良好的人际关系处理能力和问题解决能力,为进入社会打好基础,以便将来真正成为国家重要建设力量,实现育人目标的达成。

所以,无论是何种类型的校外阵地,都应对自身发展目的有明确的认知,即便出于阵地性质、历史和地域等的差别,在具体发展目标和开展的具体活动上会有差别,但在目的上须和我国教育目的保持一致,以

---

① 《中小学德育工作指南》,2017年8月。

此目的作为阵地发展的出发点和归宿并保持过程中的反思。

2. 阵地建设的理念

理念是人的行动的指南。理念决定了人如何看待事物本身,决定了事实会以何种方式呈现在人的头脑中。理念实际上是在复杂客观世界中的一种自身定位。任何阵地的建设,都不是简单做"事",特别是做"零散琐碎之事"的过程。少年儿童校外阵地建设是一项关系国家命运的基础工程,关系着国家的长久发展,因此任何阵地在建设过程中都必须有明确的理念和追求信念来推动建设行动的持续开展。

诚然,现有少年儿童校外阵地的建设理念是千差万别的,也有的阵地在建设中自身理念并不鲜明。但从建设的角度来说,少年儿童校外阵地建设的理念须一方面体现着我国少年儿童组织——少先队的组织宗旨,另一方面也须着重体现阵地成人团体作为教育者的个性化教育观点和教育理解。不同的层次理念驱动着水平完全不同的实践与行动,先进的阵地建设理念才能引发高水平的阵地实践活动。

湖北宜昌伍家岗区伍家乡旭光社区的"旭日升"少先队大队,按照立足社区、联系学校、覆盖社区的理念,围绕建设"思想道德教育基地、文体活动基地、能力培养基地、校外体验基地",努力拓展"希望家园"工作空间。一是坚持每年开展一次"希望家园"夏令营。在办好"希望家园"常规活动的基础上,每年组织一次社区留守儿童、困境青少年前往三峡大坝、宜昌市博物馆、三峡人家等地参观,增加实践体验,让"希望家园"活动更有意思。二是坚持每月开展一次社区少先队集中活动。利用重大节庆日等时间节点,开展"纪念抗战胜利 70 周年"图片展、社会主义核心价值观记心中、

"九九重阳节、小小志愿者"等活动。三是坚持每周一次"小小课堂"。联合社区周边学校,采取培训课时打包、服务内容发包的方法,组织志愿者周末到"希望家园"开展活动,努力使关爱活动覆盖社区留守儿童更多的课余时间,让活动更有价值。[①]

从旭光社区的案例可以看出,育人效果好或社会影响力大的校外阵地建设都需要阵地归属者、运营者、组织者不断更新自身的阵地认知理念和以儿童为本的教育理念,找好自身定位,这样才能积极开展好工作,并能够进行创造性活动,最终实现阵地目标。这是阵地建设中的一项根本性工作。

3. 阵地的硬件建设

少年儿童校外阵地建设以一定物质条件为依托,依赖一定社会资源进行实践的活动场所,所以硬件设施是阵地建设中的基础和活动保障。一般来讲,硬件设施主要是物的建设,包括阵地的空间所属、建筑环境、活动场地、承载设施设备等。

少年儿童校外阵地硬件建设可以分为两类:第一类是借用社会资源原有空间、建筑、场地、设施设备等,与相关单位或个人联合,融入阵地元素直接加以利用成为阵地,例如社区、家庭、工厂、银行、气象站、博物馆、爱国主义教育基地等,这类阵地往往不需要新置更多的硬件设施设备,有的稍加改造就可利用,有的则可直接利用,有的则会随着理念与思路的更新重新打造活动空间。第二类是根据阵地规划和建设理念,新建场馆、场地,购置新的设施设备等,如少年宫、科技馆、部分营地

等的建设,这类阵地往往需要大量且充足的启动资金支持建设。在阵地硬件使用和建设过程中,往往要考虑到是否适应并满足少年儿童的心理需求和发展要求。事实上,包括基础设施和内外环境布置在内的阵地的一切物质载体都能发挥教育作用。无论是借用型的还是新建型的阵地,都需要充分考虑到环境的育人作用,要达到环境育人的目的。当少年儿童处于阵地环境中时,应能让其感受到自己与阵地之间的联系感、归属感与自在感,因此美化、优化阵地的物质环境是一件很重要的工作。儿童与环境是一体的,当少年儿童经常在阵地中活动,良好的且有着丰富教育意义的硬件设施设备就能起到塑造情操、美化心灵、健全人格、发展品质的濡染作用,而这正是阵地活动想要达到的一些目标。

4. 阵地的软件建设

相对于阵地建设的硬件设施,软件建设通常涉及阵地的组织文化、人员水平、教育理念甚至物质条件利用的便利程度等。软件建设一般从人本性、灵活性、开放性、组织性等特点出发考虑。其中,人本性就是指阵地的建设要能针对少年儿童的年龄特征和心理特点,从少年儿童情感个性需求出发,在首先满足其自我需要基础上再考虑相应教育影响的达成,而不是盲目追求硬件设施"高大上"或成人意志的实现。灵活性是指校外阵地的硬件条件形成之后可能在一定时间内固定,比如固定的场所、固定的人员等,但是对于软设施来说,固定的场所和人员却可以进行多样的教育指导,选择不同的教育主题,进行不同的教育内容,这些都要在满足少年儿童需要的基础上进行创造性设计。组织性是指校外阵地是有组织的活动,且组织的主体既有可能来自少年儿童组织本身,也可能来自阵地自身,少年儿童借助组织的力量在阵地中系统活动、参与体验学习,组织得好,管理得好,人与人之间关系信任和谐,育人效果就会好。开放性是指校外阵地相对固定,但在很多时候会与周围相关资源结合开展教育活动,资源共享,资源组合,同一个资源平台可以发挥不同的作用,达到更大限度利用教育资源实现教育目的。

基于软件建设中的这些特点考虑,构建开放自主发展的阵地教育软环境就显得非常重要。阵地的管理方式、活动方式、人文关怀、教育理念、咨询引导等方面也理应形成开放、自主创新活动风格。总之作为阵地,一切条件都应服务于少年儿童,都应保持对少年儿童的开放性。还阵地于少年儿童,真正促进少年儿童的创造性、自主性、主体性发展。

5. 阵地的活动开展规划

校外阵地活动的开展不是盲目无序进行的,从阵地作用发挥角度看,活动须在理念导引下,系统、长期推进和进行才能真正起作用。要实现这一点,阵地活动的开展就不能做应景式、零散式或运动式进行,应建立在有效的"规划—计划—实施"的基础上,把长期规划、短期活动计划和实施方案密切结合起来,并保持一贯性。这是阵地之所以成为阵地的一项常规性与常态化工作。在针对校外阵地人员的调查问卷中,当问及机构"每年是否有开展针对少先队员的校外实践活动工作计划"时,56.67%的阵地机构人员表示"有",23.33%的人员表示"没有",还有20%的人员表示"不清楚"(见图3-9)。透过这个数据整体看,阵地机构的活动计划性并不乐观。

没有计划,很难很好做事;但只有有意义的规划和计划才能发挥更好的作用并取得更好的效果。对于校外阵地建设活动来说,少年儿童是其活动的主体,所以一切活动规划皆应建立在少年儿童的认知与发展目标之上,活动规划需做到:眼中有孩子,心中有教育。只有理解校

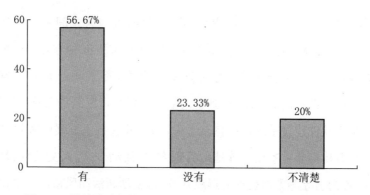

图 3-9　校外阵地机构开展少先队校外实践活动的工作计划情况

外阵地是少年儿童的阵地，才能真正开展起对少年儿童终生有用且有益的阵地活动。

（二）　阵地实践活动开展的主要内容

少年儿童时期是成长的奠基期，也是个体社会化的关键时期。根据我国少年儿童组织建设的目标宗旨、培养目标以及社会现实状况，需要培养的是有理想、有道德、有文化、有纪律的社会主义建设者和接班人，培养德智体美劳全面发展的好少年。从我国少年儿童校外阵地实际运行情况来看，也是紧密围绕这些内容来进行的，积极为国家发展培养人才并储蓄合格的后备力量。具体来说，实践活动内容通常指向以下几个大的方面：

1. 政治教育

政治问题是一个国家中的重要问题，也是国际关系中的重要问题，政治教育也因而成为一个重要教育问题。雅斯贝尔斯认为，"正在成熟中的孩子已经需要施以政治思想教育，我们应该让他们接触公众事物以及国家的实际情况……政治教育永不停止"。①在我国,根据社会性质和发展方向,少年儿童不仅是一般意义上的国家的未来与希望,更是共产主义事业的接班人。因此,用什么样的思想导向培养他们,不仅关系着少年儿童自身成长,也关系着国家的前途命运。培养年轻一代的爱国主义思想与情怀、培养社会主义理想和集体主义思想是我国少年儿童校外阵地政治教育中基础的和主要的一项内容。我国作为一个社会主义国家,培养少年儿童具有社会主义精神,形成正确的政治观点、政治信念和政治信仰至关重要,其中爱国主义情感的建立是推动国家持续进步的人力资源保障力量,爱国主义教育既是培养少年儿童做现代中国人的需要,也是落实我国《爱国主义教育实施纲要》的需要。在我国目前的少年儿童校外阵地活动中,主要通过参观爱国主义教育基地、革命历史博物馆、体验革命历史生活、了解祖国山河与风土人情等方式帮助少年儿童培养高度的爱国情怀,增强民族自尊心和自豪感,建立对国家发展的高度责任感,树立建设更加美好国家的信心和决心。在目前阵地建设中,直接与革命政治教育相关的爱国主义教育基地活动受到重视,比如在少先队员问卷中,当问及老师曾带他们多次去过的"同一个地方"是什么地方时,有 8 090 名少先队员做了回答,其中这"同一个地方"最多的就是"爱国主义教育基地"(见图 3-10)。

另外,在不同城乡地理位置的少先队员所反映的这"同一个地方"具有集中趋势(见表 3-8)。可以看到,除了在乡村学校,去"爱国主义教育基地"阵地活动的比例略低于"社区"阵地外,市区、县镇、城乡接合部均占首位。这也说明政治教育是少先队校外阵地活动中最为看重的一点。

---

① [德]雅斯贝尔斯:《什么是教育》,邹进译,生活·读书·新知三联书店 1991 年版,第 59 页。

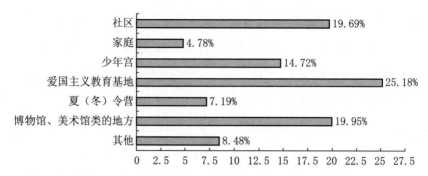

图 3-10　少先队员多次去校外活动的"同一个地方"统计图

表 3-8　城乡少先队员多次去的"同一个地方"对比(人次/比例)

X/Y	社区	家庭	少年宫	爱国主义教育基地	夏(冬)令营	博物馆、美术馆类的地方	其他	小计
市区	593 (6.04%)	60 (0.61%)	353 (3.60%)	828 (8.44%)	187 (1.91%)	811 (8.26%)	192 (1.96%)	9 816
县镇	608 (5.84%)	134 (1.29%)	474 (4.55%)	809 (7.77%)	260 (2.50%)	533 (5.12%)	336 (3.23%)	10 410
乡村	325 (8.06%)	177 (4.39%)	305 (7.56%)	300 (7.44%)	120 (2.98%)	215 (5.33%)	140 (3.47%)	4 032
城乡接合部	67 (7.07%)	16 (1.69%)	59 (6.23%)	100 (10.56%)	15 (1.58%)	55 (5.81%)	18 (1.90%)	947

　　不过在不同省份之间,还是体现出一定的差异(图 3-11)。其中,少先队员所选择"爱国主义教育基地"作为"同一个地方"的比例超过10%的省份依次是:四川(33.33%)、西藏(25%)、海南(16.67%)、湖南(20%)、河南(13.51%)、浙江(12.50%)、天津(10.96%)、黑龙江(10%)、重庆(10%)。

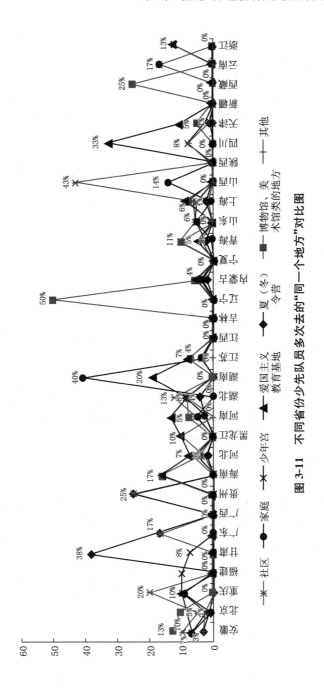

图 3-11　不同省份少先队员多次去的"同一个地方"对比图

2. 思想教育

注重和加强思想教育是少年儿童校外阵地活动的又一项重要内容。对少年儿童进行世界观、人生观、价值观的潜移默化教育,不仅体现着一般社会道德发展的教育要求,也是培养社会主义合格建设者和接班人的政治要求。

世界观是对世界的基本看法和观点,站在什么位置、什么角度、以什么样的眼光去看待与分析事物,这是人之为人的基本使命。由于我国最大的少年儿童组织——少先队具有鲜明的政治属性,所以少先队校外阵地活动在教育引导队员树立共产主义与唯物主义世界观,坚定社会主义和共产主义信念方面具有义不容辞的责任,要注重引导少年儿童学会用唯物主义辩证法武装头脑,学会用发展的、辩证的眼光看待社会中的问题。世界观和一个人的理想、信念有机联系,也决定着一个人的人生观和价值观。

人生观是对人生意义和价值的根本看法和总的观点。我国少年儿童校外阵地活动在帮助少年儿童理解人生,帮助少年儿童学会用积极的人生态度正确对待人生中遭遇的各种问题,正确理解个人与社会、理想与现实、奉献与索取、自由与纪律的关系,树立为人民服务的人生观方面起着不可小觑的作用。例如,库布齐沙漠是内蒙古巴彦淖尔市乌拉特前旗第三小学的模拟军事实践活动基地,每年分批组织学生开展活动,其中:

> "过关斩将"中排雷、穿越封锁线、勇夺高地,接力棒当地雷,沙包做子弹,队员们生龙活虎如同抗击法西斯的勇士,这些再现了浴血杀敌的场景,让学生们感受到今天的幸福生活来之不易,让学生

从小立志、有梦想、有担当。①

价值观是人对周围客观事物的意义、重要性等的总的评价和看法，受制于人生观和世界观。少年儿童校外阵地就是借助鲜活的生活客观世界，通过自然或人工环境，引导少年儿童体验、感受、反思、澄清个人生命与生活、社会交往与活动等的意义和价值，学会爱己爱家，也学会爱人爱国。

在思想教育过程中，对于成人辅导者而言，最重要的一个教育基点是要站在生命的立场与人的整体性角度去理解少年儿童，因为少年儿童是国家的未来，是担负国家未来建设与发展的栋梁，一如开创了"人类智慧学"的奥地利教育家鲁道夫·斯坦纳（Rudolf Steiner）所言："你要站在生命是一个整体的观点来看，不能在做儿童教育时就只考虑儿童期，你必定要以他的整个人，整个人生，来判断你该做什么。"②反观当下阵地实践活动中一些分散的、断裂的、点状的教育活动现象，斯坦纳的观点不能不引人警醒。

3. 道德与品性教育

少年儿童组织自身性质决定了其对少年儿童成长的重要性，尤其是在少年儿童道德品性发展方面担负重要责任。少年儿童校外阵地作为少年儿童组织教育和社会教育的结合地，自然也承担着重要的少年儿童道德与品性发展任务。在校外阵地的诸多活动中，都可以看到通

---

① 杨红叶：《少先队阵地建设与活动的创新研究》，https://max.book118.com/html/2016/1210/70654360.shtm，2016-12-10/2018-07-14。

② [奥地利]鲁道夫·斯坦纳：《童年的王国》，潘定凯译，深圳报业集团出版社2014年版，第7页。

过鼓励少年儿童对活动的积极参与,在团队精神、集体荣誉、关爱他人、诚实守信、公平公正、坚韧勇敢、自律自控、宽容与责任等方面进行良好道德和品性行为的培养。

在进行道德与品性教育过程中,有必要区分并把握一下"道德"与"品性"的关系。在人们的认识当中,有时会把"道德"和"品性"看作同义语,也有人认为品性是"人的品质、道德水准、行为举止等",①实际上二者的最大区分就在于道德的目的在于能构建起少年儿童的良好品性,良好道德品质的内化养成需要外显为具体行为,需要做中学、做中思、做中成。品性培养是道德教育的核心,道德教育主要依据人类美德和社会道德侧重于少年儿童内隐的心理体验和感受,品性教育则是在道德基础上侧重于少年儿童外显的行为塑造与养成。因此,对少年儿童进行品性教育之前,需要确定组织或社会所理解和认可的"良好品性"内涵和每位儿童应当掌握的道德品质或社会核心价值观,并重视和借助实践活动在培养少年儿童良好道德中的作用,积极为少年儿童创造和提供实践道德的场所、空间与平台,利用一切可能的或可以利用的途径与方式,使少年儿童能够在实践行动中让社会道德自觉转化为个人品性和生活的一部分,这是来自少年儿童组织、学校和社会的广大教育者的重要责任和任务。所以在校外阵地开展的活动中,品性教育比起一般的道德教育更加突出,是以真实的社会活动为依托,并通过真实的、自然的而非表演性质的活动表现出来。

4. 法纪教育

法纪是一定社会和组织要求民众共同遵守的规则,尤其是在建设

① 张敏:《品性教育与人的全面发展》,《信阳农业高等专科学校学报》2007年第1期。

现代社会过程中,法纪意识和法纪观念的强弱在很大程度上决定着社会文明程度的高低,所以从宏观和长久发展角度来看,积极引导和教育社会个体从童年时期起就建立起明确的法纪意识是维护国家有序运行与良好发展的基本保障。更严格来讲,法纪教育可分为法律教育和纪律教育两个方面,二者缺一不可。校外阵地基于社会资源的优势,在对少年儿童进行社会主义民主法制教育,帮助少年儿童树立社会主义法律意识,增强法制观念方面是重要途径,也能从宏观上引导少年儿童对党和国家的忠诚和对国家法律的信仰和维护。比如,设在北京大兴区并于 2017 年正式开馆试运行的"全国青少年学生法治教育实践示范基地"就是一个在这方面具有典型性作用的阵地:

　　是在教育部的直接领导下,由教育部全国青少年普法网、北京外国语大学外语教学与研究出版社建设、运营的面向全国青少年的法治实践教育示范基地,建筑面积 4 000 平方米,挑高 7.8 米,分为"智能法治学习区、互动法治游戏区、综合体验区"三大主题区域,将现代多媒体技术、智能技术、实践教育与法治教育相结合,并融入场馆主题教育。①

这一基地每年通过接待大量的来自全国各地的青少年群体、学校法治工作主管校长与老师以及高校学者或其他社会其他团队与个人参观或参赛,在推动包括少先队员在内的青少年法治知识、法治理解、法治意识、法治能力等方面起到了示范引领作用。

①　资料来源于网络:百度百科。

除此之外,根据 2002 年《共青团中央关于加强青少年学生法制教育工作的若干意见》中"大力加强社区青少年法律学校建设"和"加强青少年法制教育基地建设。……依托课外活动基地开展法制教育;继续加强、完善各级各类法制教育基地(中心)建设,利用基层法院少年法庭、少管所、戒毒所、监狱、劳教所、法律援助中心、青少年宫等社会资源,在全国地市以上单位或有条件的县(市区)创建一批综合性、常设性、功能齐全的法制教育基地"等政策引导,以及教育部等七部门下发的《关于加强青少年法治教育实践基地建设的意见》(教政法〔2016〕16号)政策文件促动下,全国各省份普遍设立了省级或地市级的地方性青少年法治教育示范基地。据不完全统计,截至 2016 年上半年,"全国共建青少年法治教育基地 3 万多个"。①当然,法律教育不能仅通过基地建设来进行,还必须与课程教学、第二课堂、日常生活与活动、网络文明建设等充分结合起来并不断加强。

如果说法律教育更侧重从宏观角度进行相关意识和理念的教育,那么纪律作为一个组织乃至社会存续、运行和发展的基本保障,主要是从微观层面侧重对组织或团体、集体的负责和自我约束。纪律教育贯穿在阵地活动的每一个阶段、每一个时间点。总之,法纪教育在少年儿童校外阵地活动开展中不仅要随时随地体现,更要持之以恒地进行。

5. 心理健康教育

心理健康不仅在少年儿童一生的发展中十分重要,同时少年儿童的身心健康也是国家教育目标和少年儿童组织教育的重要目标之

---

① 《全国共建青少年法治教育基地 3 万多个》,http://www.sohu.com/a/77490731_162903,2016-05-26/2020-02-02。

一。2005年的《少先队辅导员工作纲要（试行）》中指出："要坚持发挥少先队的组织优势，以少先队的组织和活动形式来进行少年儿童的心理健康教育，少先队组织是载体，活动是形式，心理健康教育是内容，少年儿童身心健康发展是目标。"另外，教育部在2010年底的心理健康教育工作会议上发出建设"大型青少年校外综合实践基地"的声明，"能给学生提供动手动脑的机会"，"更重要的是能锻炼学生的抗挫能力，全面提升心理健康水平"。所以，在校外教育中注重并更好地实施心理健康教育，既是国民普通教育也是少先队组织教育共同关心的主题。

目前整体来看，我国绝大多数少年儿童校外阵地基于少年儿童本身成长的诉求，在阵地建设和活动开展方面确实也十分重视这一项内容。诸多已有的校外阵地实践活动和文献研究显示，校外阵地人员在这方面也是非常重视的，这其中包括来自社区教育中心的实践研究者明确阐明"校外是实施青少年心理健康教育的一个新阵地"观点并进行了经验总结和初步反思。①

当前，从校外阵地进行心理健康教育的路径来看，主要有两条：一是对广大常态少年儿童的关注和进一步正向引导，二是对诸如留守儿童、外来进城务工子女、残障儿童等弱势少年儿童群体的关注与调适性正向疏导或引导；从校外阵地开展的心理健康教育内容来看，主要涉及生命教育、人体认识与保护的知识教育、体育锻炼与健康教育、个体卫生和生活习惯教育、环境教育、营养教育、疾病与意外伤害的预防教育、心理健康与社会适应教育、性教育等；从开展心理健康教育的形

---

① 王正祥：《校外教育，青少年心理健康教育的新阵地》，《国家教师科研专项基金科研成果（二）》，2016年9月。

式来说,主要包括讲座或公益宣讲、设立公益心理咨询辅导室或咨询热线、建立心理健康辅导站、开办爱心工作室、开设训练营、组织亲子活动、家长亲职教育、主题调研、大中小学一体化心理健康教育活动等。比如:

> 黑龙江黑河市爱辉区青少年活动中心建立了专业心理教育机构——校外心理健康辅导站。辅导站是针对全区留守儿童开设的专门性、长期性、公益性的心理健康咨询服务机构,它的成立标志着全区留守儿童健康教育工作逐步向阵地化、经常化、规范化、专业化发展。辅导站设有接待室、办公室、团体辅导室、个体咨询室、放松室、宣泄室等功能场室。团队辅导室设有专(兼)职人员、志愿者、督导员等。……活动中心还开通了健康教育微信平台,建立了心理健康教育 QQ 群,对留守儿童进行心理疏导,弥补他们情感的空白,使校外辅导站成为留守儿童情感释放、心灵滋养的驿站。同时注重环境的熏陶作用,利用长廊、报纸、便签等多种形式宣传心理健康知识,加强学生对内心状态的关注,提高心理健康意识,优化个性心理品质,增强心理调适能力。采用心理咨询、热线电话、网络咨询等多种辅导形式。心理咨询室每天开放,接待留守儿童的来访和来电。①

《中国中小学生心理健康教育发展报告(2019)》显示,我国中小学阶段有四成多的少年儿童存在心理适应不良现象,且心理症状的感受

---

① 王洪梅:《利用校外教育资源,促进留守儿童快乐成长》,《黑河教育》2016 年第 10 期。

程度随年级升高呈上升趋势。仅就校外阵地活动而言,除了开展像黑河爱辉区青少年活动中心这些专项的或专门化的心理健康教育活动外,还特别需要能在面向全体少年儿童的常规教育实践活动中充分考虑少年儿童的心理特点,并积极正向关注和引导少年儿童的心理保持健康状态,培养其健康心理品质,预防心理疾病的发生,这更是校外阵地的重要任务。

五、校外阵地开展实践活动的指导原则

少年儿童校外阵地实践活动指导原则是指校外阵地活动组织者开展活动过程中,根据活动目的并依据客观条件和少年儿童身心发展特点,在实施组织活动时所遵循的基本准则。马克思曾这样指出:"动物只是按照它所属的那个种的尺度和需要来建造,而人却懂得按照任何一个种的尺度来进行生产,并且懂得怎样处处都把内在的尺度运用到对象上去。"①这里的"尺度"指的是规律。规律是客观事物本质的、固有的联系,这种客观必然的联系是隐形的,而将其"外显"出来的就是原则,原则是规律的具体化和具体体现。人之所以为人,是因为人有理性,能够按照客观规律办事,而按照客观规律行事就要遵循一定的原则,所以原则是人在认识世界和改造世界的过程中所依据的法则或标准。少年儿童校外阵地活动的开展是人有意识的实践活动,是人运用教育规律办事的过程,因此背后必然有一定的原则指导,并通过活动可以透视出来。考察我国现阶段各种校外阵地实践活动的开

① 《马克思恩格斯选集》(第42卷),人民出版社1979年版,第97页。

展,但凡取得了令人满意的教育效果的,基本都遵循了以下一些主要原则。

(一) 寓活动于情原则

少年儿童是校外阵地实践活动的主体。少年儿童校外阵地开展实践活动时,组织者眼里看到儿童,心中装着儿童,关注儿童在活动中的情感需求,照顾儿童在活动中的情绪,并带着深厚的教育情感去组织活动,这是寓活动于情原则的基本思想。贯彻寓活动于情的前提是组织者坚持以人为本,人格上尊重每一位儿童,通过关心和关怀与少年儿童建立起接近、信任、友好的关系,进而对少年儿童产生可接受的引导和教育力量。

从校外阵地活动组织与管理角度来看,阵地活动是组织者与少年儿童共同参与的、围绕特定活动目标所进行的双边实践活动,它既是一种教育活动,也是特定情境中的一种人际交往活动,因此作为人与人之间的情感交流和互动不可忽视。前苏联教育家苏霍姆林斯基认为"教育技巧的全部奥秘就在于如何爱护学生",这种"爱"本质上首先是一种依托情境的、充满情感的并进行情感的教育。在校外阵地开展实践活动中,组织者面对的是一群身心尚未成熟的少年儿童,这种身心未成熟性决定了他们需要成人的帮助,需要在成人的尊重、保护、关心、关怀下开展活动。因此,组织者尊重、爱护少年儿童,想其所想,思其所思,更有利于调动少年儿童的积极参与,促进活动目标的实现并有利于活动实效的达成。忽视情感的教育实践活动是一种不完整的活动,这就意味着校外阵地在开展实践活动时要遵从寓活动于情的指导原则,营造一个有"爱"的活动氛围,使活动的方方面面都渗透着对少年儿童的关怀,使少年儿童在有"情"的情境中,不仅能真实感受自己的情绪,也能够体验组织带给的心理温暖,并逐渐学会理解什么是个性情感、社会情感,在情感潜能上得到开发和发展。

具体来看,寓活动于情原则在校外阵地活动中主要体现为以下几个方面:其一是对少年儿童的政治关心。从人类社会学角度来讲,政治是人类社会中存在的重要社会现象,政治作为对社会治理的行为,服务于国家、民族、政党等公共利益的存继,因此社会中的人也都具有政治性。在一个国家与社会中,少年儿童在政治上的健康发展就意味着国家有安全的未来,所以对少年儿童的政治关心首先就在于引导少年儿童正确认识国家性质与体制,正确认识政党体制以及执政党在国家发展中的作用,正确理解维护国家政治利益的意义所在,理解公共良知的建立对于国家和社会发展的意义。立足于我国少年儿童组织教育而开展的各种校外阵地活动,也必然要把对儿童的政治关心和儿童政治行动的引导放在重要位置,且要真正与少年儿童面对面,以儿童能够理解的方式进行引导。其二是思想关怀。"思想"由知、情、意、信等多因素构成,"关怀"意味着对某事或某人负责,保护促进其利益,或维持其发展。[1]如前所述,少年儿童作为校外阵地实践活动主体,由于身心未成熟性因而需要作为成年人的组织者给予更多的关切和关怀。在少年儿童参与校外阵地实践活动过程中,活动的组织者尽可能地满足少年儿童心理、认知和观念上的需要,关注少年儿童在认知、情绪、情感、意志、信念方面的状态,并用行动去关照儿童在知情意行等方面的变化,与少年儿童之间建立并保持良好的互动与回应性的教育关系。其三是生活

---

① 肖巍:《女性主义关怀伦理学》,北京出版社1999年版,第131—132页。

关照。少年儿童在参与校外阵地实践活动中,既是认识主体,又是生物机体,而且首先是生物机体形式的存在。这是因为人作为认识主体,"首先是具有肉体组织的、不断与外界环境进行物质和能量交换的活生生的生物机体,否则便无法从事认识活动。人的生物机体是认识主体的物质载体",是"认识主体的根源"。①因此尊重和满足少年儿童生物机体的需要,在生活设施、生存需求等生活方面给予周到细致的考虑是很有必要的,比如空间场地的安全舒适、指示标记的童趣化、座位和座椅的适合性、饮用水的便利供给、观看视线的无遮挡、讲解人员的儿童服务意识等都是生活关照的具体表现。对少年儿童作为生物机体的实际需要的关照,在使少年儿童感到身心愉悦的同时也会因亲近而主动接受来自教育者的教导,而组织者做出的生活关照本身作为人文关怀也是一种教育作用的彰显。

(二) 寓活动于乐原则

少年儿童校外阵地活动本质上是教育活动。据考证,"寓教于乐"一词最早为古罗马文艺理论家兼诗人贺拉斯(Quintus Horatius Flaccus)所提出,其意是"既劝谕又使其喜爱",就是使人在愉快的审美体验和感受中得到人生意义和价值的陶冶与启迪。后来"寓教于乐"不仅作为一种艺术的规律,也被作为一种教育思想引入进教育领域,并在20世纪80年代后很快成为我国国内一种共识性很高的教育观念,特别是在针对青少年的思想教育、艺术教育、环境教育乃至学科教学中,这一

---

① 侯衍社:《皮亚杰关于认识主体性思想的生物发生学探讨》,《烟台大学学报(哲学社会科学版)》1995年第3期。

观念都受到重视,强调基于活跃儿童身心的、生动活泼的恰当教育。少年儿童校外阵地作为教育少年儿童的一种路径,作为一种以"活动"为主体的教育方式,贯彻这一原则更具有充分的恰切性。也就是说,校外阵地所设计的活动应主动顺应少年儿童的身心特征和发展需求,以少年儿童个体感性可以直接接受的形式进行,并能左右少年儿童的心灵和审美情感,引导少年儿童追求和思考人生与社会的真善美。"寓活动于乐"原则背后体现的是校外阵地活动既要体现活动形式之乐,又要深化活动为促进少年儿童内在发展之乐。

"寓活动于乐"这一原则的思想基础是"以童为本",是对"儿童性"的直接把握与体现。纵观我国目前校外阵地活动的开展,在不同的活动形式中贯穿"乐"的原则充分促进了少年儿童的发展,其中一大特点在于许多活动目标及其实施过程能超越低层次的"外在乐",并在以情感带动、情绪调节为切入口的前提下,积极引导少年儿童在愉悦活动中掌握基本知识,升发探索求知、主动实践的热情,由"乐中学"转向"学中乐"。在这一过程中,许多校外教育工作者首先做到的"乐教"是一个重要因素,在活动过程中自身保持住积极愉悦的精神状态,并传达给学生,感染到学生,进而提高了活动效果。比如:

　　"灯泡是有毒有害垃圾,快扔这儿!""哎呀,搞错了,纸巾不是湿垃圾是干垃圾。"笔者走进位于上海科技馆二楼的"地球家园展区",一群孩子正在聚精会神地玩最新上线的垃圾分类电子互动游戏,三人一组,可以互相PK。而地下一层的大厅里,一场化学实验也在举行着,孩子们点酒精灯、配置溶剂、观察化学反

应……在工作人员的带领下，玩得不亦乐乎。这是巴斯夫小小
化学家活动。①

另据文献显示，上海科技馆开展的巴斯夫小小化学家活动旨在通
过科学实验和知识讲座等形式，帮助更多孩子走进科学、热爱科学，已
连续举办 15 年，迄今已有 8 万多名儿童参与了这一暑期科普教育展
示项目，并切实感受到化学带来的乐趣。可以看到，愉悦的心流体验带
来了主动的深层学习与思考。当然，有心理学研究结果表明，只有适度
的愉悦体验才能促进思维和学习，过强或过低的愉快情绪则会减缓或
抑制思维，因此活动过程既不能让少年儿童一直处在消极沉闷的情绪
状态，但也不能让其一直处在亢奋的情绪状态中。也就是说，如果过于
注重乐的形式，忽视发展内容，或者只乐不教，以乐代教，以致乐教分
离，忽视活动的教育目的性，也是不可取的。

少年儿童校外阵地实践活动本质是一种教育活动，最终指向的是
儿童发展，而非纯娱乐性活动。从教育学角度讲，这是德智体美劳各方
面的全面发展过程；从心理学讲，这是知情意行各方面的发展过程。无
论从哪个角度看，积极情感的注重在少年儿童教育活动中都具有促进
认知发展的作用，快乐、喜悦、满足等正面情绪有助于促进认知发展，而
恐惧、愤怒、悲伤等负面情绪则会抑制或干扰认知过程。积极快乐的情
感是从认识转化为意志、信念和行动的重要环节和条件，更有利于活动
目标和实效的深度达成。因此，"寓活动于乐"原则的运用，不仅使少年
儿童校外阵地活动变得更加生动和人性化，激发少年儿童对活动的兴

---

① 　王沁：《科普基地：寓教于乐》，《浦东开发》2019 年第 8 期。

趣,更使少年儿童在心理愉悦的氛围中积极体验和参与,进而更好地促进其认知发展。此外,少年儿童校外活动与"乐"的有机结合,也极大增强了这些实践活动的情感性与联系性,减少了活动中的焦虑、倦怠或无趣之感,使活动成为一个精神享受的过程。

(三) 寓活动于行原则

寓活动于行原则是指在开展少年儿童校外阵地实践活动时,应特别注重少年儿童的行动参与性,做中教,做中学,学做合一,实现少年儿童在真实行动中深入体验、自我学习和反思升华,并最终能够明确社会伦理,理解社会规则并做出一定的教育预期行为。这是"活教育",也是生动的"生活教育"。少年儿童是社会的一员,只有让他们在真实感知、真实行动中才能获得真正成长,哪怕在活动中遭遇的障碍本身都是真实的教育。"参与思考仅仅是一种在内心做准备的活动,而真正的决定则是通过行动来实现的。"[1]思维和行动的统一是真正的"做",是真实的成长。因此,作为教育语境中的"行",所强调的是少年儿童为主体的"主动做""自然行",强调对真实日常社会生活的接触与理解,而非成人管控下的表演之为抑或纯人工环境中的硬性训育。校外阵地是日常社会生活中的一部分,其所开展的实践活动在加强少年儿童与社会生活之间的联系,促进少年儿童对社会和生活世界的真实理解、行动选择和行为确立方面具有不可代替的作用。

比如,少年儿童借助"母亲节"这一节日进行义卖是比较常见的活动,不仅一些学校喜欢组织,一些校外阵地也喜欢组织,甚至还有

---

[1] [德]雅斯贝尔斯:《什么是教育》,邹进译,生活·读书·新知三联书店1991年版,第178页。

少年儿童主动利用家庭阵地中父母作用发挥自发集体组织这种义卖活动。

> "参加义卖的,都是我们班的学生和家长,一共有15个同学报名参加。"小博凯说,大家经过讨论,决定卖矿泉水。家长们为义卖做了不少前期工作,联系来了赞助商——由农夫山泉公司提供1 200瓶水,找广告公司设计了标签、勋章、胸章、爱心捐款箱,还设计了宣传海报。小博凯的爸爸说:"孩子们有这样的心思,我们做家长的很高兴,爱心和社会责任感要从小开始培养。"当天上午,孩子们一大早就来到永安公园,有的孩子把自己的玩具也带来了,加入义卖。经过一上午的努力,共募集到了1 042.3元善款。下午,孩子们将义卖所得的钱买成礼物,看望了几位家庭贫困的残疾妈妈,祝她们节日快乐。小博凯说,虽然这一天很辛苦,但自己和同学们体会到了赚钱的辛苦,也感受到了帮助别人的快乐,很开心。①

这是浙江台州15名少年儿童借母亲节和全国助残日两个节日之际,借助家庭阵地作用,在家长指导和帮助下自发组织的义卖活动。这次活动最大的一个特点在于由孩子结合生活实际事件主动提出、主动设计、主动参与、主动服务,可以看到当孩子们走出校园,与市民或周围的人进行接触,这就是一个自然融入社会的过程。无论是对于前期家长与赞助商的联系沟通和协助制作相关材料,还是义卖过程中的买卖

---

① 《母亲节,小学生爱心义卖》,http://paper.taizhou.com.cn/tzwb/html/2014-05/13/content_547406.htm,引用日期为2020-02-10。资料略有删减。

以及义卖后用善款为残疾妈妈们买礼物,这都使孩子们通过活动接触了真实的社会生活,感受到社会不同行业、不同人的做事风貌,锻炼了同伴之间、儿童与成人之间等的人际交流沟通的能力,理解了社会弱势群体与社会文明之间的关系,甚至还进一步体会到赚钱的不容易,理解父母和成人工作中的辛苦,意识到个人在社会中的责任等等,这种体验与行动的力量是说教很难达到的。

综合诸多校外阵地活动案例,在活动中能很好或较好贯彻"行"之原则的,首先是成人指导者观念到位,无论是成人及其阵地组织活动,还是少年儿童自发组织借助成人力量完成活动,都能相信少年儿童,敢于放手让少年儿童去做,做中教,做中学,这既促使少年儿童产生当下行动,又为将来稳定的行为确立建立认识基础及思想基础;其次是活动设计能以社会生活实际为中心,并结合少年儿童的心理、情感、意识和能力等发展需求有机联系,促进少年儿童在真实的社会生活中努力实现个体社会化和社会个性化;再次是社会多方面机构或人士都能对少年儿童发展有更多共同的价值观,能彼此支持和协助,营造良好的社会氛围。我国西汉文学家刘向说过,"耳闻之不如目见之,目见之不如足践之";在华盛顿儿童博物馆的墙上也有这样一句格言:"我听见了就忘了,我看见了就记住了,我做了就理解了。"这都道出了以"行"为原则的实践活动对于少年儿童的重要意义。

(四) 寓活动于为原则

寓活动于为原则是指促使少年儿童在参与校外阵地实践活动过程中以及活动之后,能坚持一定信念甚至信仰,积极行为和作为,正向理解所经历的各种境遇,体验努力及其之后的成功,且所获得的能力、素质在后继生活中仍具有延续性。少年儿童和其所生活的世界形成一个有机的整体,当前我国少年儿童教育中存在的一个普遍而重要的问题就是对生活世界仍有所偏离,生活信念与人生信仰缺乏,教育活力也由此降低,在培养少年儿童综合实践能力和社会责任感等方面都有明显缺失,甚至少年儿童的基本日常生活能力都每况愈下。生活实践能力是个体适应自然环境和社会生活,有效参与社会、实现自我发展的基本前提。基于校外阵地所具有的天然社会性资源优势和活动方式,阵地活动的开展在与现实生活密切联系过程中,可以主动促进少年儿童运用所学的知识去理解和解决现实中遇到的问题,获得对自然、社会、自我等整体的认识和体验,进而增进生活信念乃至人生信仰。这样,校外阵地实践活动更具有真实的生活意义与人生发展意义。

目前,我国部分校外阵地及其组织的活动在这方面都有积极体现,但就整体来看虽然积极努力吸引少年儿童参加,但更多表现为"倾技能""重宣讲"这样的特征,而实践道德、价值澄清、理想开拓、信念遵循与信仰重建等方面动力不足问题较为突出,且活动的体系化、延续性等也值得反思。"马克思主义信仰的科学性的一个重要来源就是既讲现实,也谈理想,而且是在现实的基础上谈理想";[1]我国人民教育家陶行知认为教育"既为社会而设,若与社会不相往来,何以知社会之需要?"[2]少年儿童组织教育不仅是教育,还是一种关于国家未来命运的奠基性教育,校外教育因由与社会的密切联系以及活动性特点,其所组织的活动着眼于现实生活,积极寓活动于为,为少年儿童提供更多自己

---

[1] 宇文利等:《中国人的理想与信仰》,中国人民大学出版社 2018 年版,第 126—127 页。
[2] 华中师范大学教育科学研究所:《陶行知全集(第 8 卷)》,湖南教育出版社 1992 年版,第 40 页。

去活动、体验心流与高峰乃至创造的机会,使少年儿童在阵地活动中有所听,有所看,有所行,有所感,有所为,有所信,并能在阵地活动之后在生活中仍旧有所作为,这正是校外实践活动的根本目的,也是教育应有之义。

六、校外阵地建设与实践活动开展的管理模式

随着我国少年儿童校外阵地开展实践活动的探索日益丰富,在管理上也日渐明确,表现出一定的模式化倾向。一般而言,管理模式是从特定的管理理念出发,在管理过程中固化出来的一整套系统和方法体系,具有系统化、科学化、操作性和整体性的特点。"理念、系统和方法"模型,即 IOS(Idea＋Operation＋Stratagem)管理模型,用公式表达为"管理模式＝管理理念＋系统结构＋操作方法"[1](见图 3-12),为少年儿童校外阵地建设管理模式的分析提供了新的思路和视角。

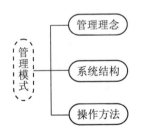

图 3-12　IOS 管理模型结构图

从开展实践活动的组织主体来考量,我国少年儿童校外阵地建设

---

[1]　刘星:《广州市乒乓球俱乐部管理现状调查及其 IOS 模型的建立》,华南理工大学硕士学位论文,2014 年。

的管理模式可分为三种,即:学校与阵地共建共管模式、政府与阵地共建共管模式和阵地自建自管模式。这三种模式既具有一般管理模式的基本特点,又具有各自不同的特点指向。下面就结合 IOS 管理模型基本框架对这三种阵地建设管理模式进行具体分析。

(一) 学校与阵地共建共管模式

学校与阵地共建共管模式作为少年儿童校外阵地建设管理模式中最常见的模式之一,是以少年儿童为教育服务对象,由学校和校外阵地两个行为主体共同建设、共同管理和组织运行而成。它强调学校和校外阵地在建设中的协同合作关系,并非由某一方单向行动,这对学校和校外阵地在开展实践活动方面的对接提出了更高要求。另外,这一模式的受众群体除了少年儿童及其校内辅导员外,还包括部分其他学科老师、社区居民以及家长等,有一个广泛的服务群体。此外,由于学校和校外阵地的有机衔接,较好地融合了少年儿童的学校生活、家庭生活和社会生活,因此这一模式下的阵地多能成为少年儿童体验式学习与成长的有效场所。

管理理念:模式的基本理念蕴含着模式的价值观和目标。概括来说,这一模式的理念主要体现在以下三个方面:其一是以童为本的发展理念。也就是要求在阵地建设中坚持从少年儿童的角度出发,根据少年儿童身心发展阶段的不同特点相应地策划和组织活动,在活动中重视儿童差异性,以让儿童得到发展和锻炼为最终目的。其二是汇聚教育合力的教育理念。从大教育学角度看,少年儿童的教育是三位一体的教育,是家庭、学校、社会合力作用的结果。综合各种教育力量,深入挖掘学校和校外社会的不同力量,不失时机地创造各种教育机会,形成校内外教育合力,在潜移默化中向少年儿童传递教育理念,促进其成长。其三是拓展少年儿童教育场所的组织教育理念。在我国传统与现实中,我国最大的少年儿童组织——少先队主要依靠学校开展组织活动,但毕竟学校范围的组织教育时间和活动的空间都有限,如何利用少先队员的校外时间,并充分利用学校空间内所不具备的教育资源环境,让队员有更多机会参加健康有意义的活动,这是促进队员健康成长的一个关键问题。少先队组织教育的场所从学校拓展至与少年儿童生活息息相关的社会,是少先队组织教育功能的外延,也是更好发挥教育隐性育人功能的一大途径。

系统结构:健全的管理模式需要一定的制度体系作为支撑。《中国少年先锋队组织工作条例(试行)》第十九条中这样说明:"指导少先队校外阵地建设,开展各类少先队社会实践教育活动。"全国少工委七届四次会议文件中明确提出"要将制度机制建设放在更突出的位置",[①]这两个中央文件都强调了校外阵地建设和制度规范的重要性。不过就目前整体情况来看,少年儿童的校外阵地建设并无针对的指导纲领或体系化制度支持,仍处于探索阶段。所以在这一模式下可以主要由学校牵头,主动与校外阵地负责人一起制定详尽的规章制度,为阵地建设与活动开展提供制度保障。从领导者管理角度看,这一模式下的成人领导者主要包括以大队辅导员为代表的学校一方和以阵地负责人为代表的校外一方,但在"学校中心"传统教育观的影响下,学校多处于二者关系中的高位或中心地位,对学校和校外机构的平等互动关系认识不到位。所以如若真正实现共建共管,就必须双方共同担负起平等的且

---

① 《关于深入学习宣传贯彻党的十九大精神,纵深推进少先队改革攻坚的决议》,http://zqb1.cyol.com...8-02.htm,2018-02-02/2018-05-17。

积极的领导者职能和责任,建立起良好的沟通机制和信息传达途径。再者,从活动效果反馈方面看,向少年儿童以及双方有关人员征询活动感受、意见和建议并进行效果反馈的制度和机制尚不健全,可利用学校集中管理优势负责收集主要反馈信息,并与校外阵地建立畅通的相互反馈通道,以进一步改进阵地建设与活动的开展。

操作方法:具体而言,主要包括以下几个方面。一是采用丰富多样的活动形式。我国《中国少年先锋队章程》中规定少先队活动包括举行队会、组织参观和开展各种有意义有趣味的活动以及社会实践等。在这一管理模式下,我国一部分学校和少先队组织会主动根据社会重大事件随机生成活动,开展传统节日或国际节日主题活动,利用学校和社会人才资源举行科普知识讲座,从生活中取材开展贴近生活的活动等,这些丰富的活动形式对少年儿童成长非常有教育意义。二是设计和实施恰当的奖惩机制。有效的奖惩机制可以激励并强化少年儿童的行为,正如德国著名教育家第斯多惠所说"教育的艺术在于激励、唤醒和鼓舞",而《中国少年先锋队章程》中规定"对犯错的队员要耐心教育、帮助改正",在奖励措施之外适度运用惩罚可以规正儿童的行为,促使其向好的方向发展。再如"雏鹰争章"一度是少先队常用的奖励措施,但过程中出现了"表演式"现象,所以"红领巾奖章"的设计与实施重在对少年儿童的好行为本身进行标识和认可,这使队员在参加阵地活动时更注重体会活动本身带来的愉悦和收获。三是积极进行广泛的活动宣传。校外阵地活动的受众群体主要是少年儿童,较之一般的社会活动针对面小并致使少年儿童组织的社会影响力较低。所以,通过对活动的精心组织和利用传统媒体或微媒体的便捷优势在校内与社会上充分宣传,促使校外阵地活动在社区、家长以及社会上产生较大反响并获得广泛支持,这对于阵地发展益处颇多。四是主动考虑和满足少年儿童需求。阵地建设的活动开展既要创新活动形式,也要考虑儿童的不同需求,不过当前校外阵地活动整体看来在这方面关注还不够。少年儿童身心发展具有个性和共性的特征,如何在设计策划活动时尽可能考虑到儿童的个体差异性,满足其多样化需求,这对学校和阵地负责人而言既是挑战又是责任。

总的来看,学校与阵地共建共管模式具有以下几个特点:一是学校管理和校外阵地管理相结合。这一模式最大的优势在于依托双管理主体,在举办活动时可投入更多的人力、财力和物力,拥有物质优势;不过也容易出现互相推诿责任、沟通机制不顺畅的现象。为此,在这种模式下的活动中,实行专人负责制很有必要,将活动责任落实到具体的个人。另外,通畅的信息传递途径的建立也有助于促进活动开展,要制定详尽的活动开展和管理规则。二是学校教育和社会教育两促进。这一模式突出强调了"大教育观",即在培养儿童方面有机整合了学校教育、家庭教育以及社区与社会教育,这样有利于将学校内的教育放至社会大背景下去考虑,与社会广阔的文化背景接轨,因地制宜,因材施教。[1]在促进二者结合与融合中,可以进一步从管理方面建立少年儿童组织教育委员会或社区教育委员会来协调阵地建设与活动开展,并在思想、理念和行动上同步深化合作意识。三是学校资源和社会资源同利用。教育资源是阵地建设和开展活动的重要物质基础,教育资源优化整合的本质在于建立资源共享机制,真正实现教育的公益性和普惠性。校外阵地建设要充分挖掘学校和社会的人力资源、物质资源与精神文化

---

[1]　吴磊、杨琳、汤锦春:《社区教育与学校教育协同发展策略探析》,《江西社会学》2007年第5期。

资源,提高资源利用率,多形式多途径丰富少年儿童生活。学校和社会也都要以开放的眼光和包容的态度打破固有藩篱,以双赢合作为基础,促成实践活动开展。

(二) 政府与阵地共建共管模式

这一模式下的阵地管理主要由政府和阵地两个行为主体构成,政府和阵地共同组织开展实践活动,少年儿童及其所在学校作为主要参与者参加活动。政府力量的介入使这种管理体系更加规范、组织结构更加紧凑,阵地建设和实践活动开展也更加规范与系统。政府作用在少年儿童校外阵地建设与实践活动中的积极发挥,既更有效率地促进了相关政策的制定和执行,也更有利于获得经费的持续支持和物质保障,能较好促进校外阵地的常态化建设与实践活动开展。

管理理念:这一模式融合了政府的行政理念和少年儿童校外阵地建设的发展理念。该管理模式体现了政府关爱少年儿童成长的精神理念,并从国家领导、党团队合作的高度架构运行机制,实现阵地建设的常态化和体系化。具体表现在三方面:其一是践行"关心下一代"工作理念。习近平总书记在中国关工委成立 25 周年时特别强调关心下一代工作要"坚持服务青少年的正确方向",推动政府自觉践行面向少年儿童的教育服务和其他社会服务。当前国内各省、市、区政府以及少工委等在落实校外阵地实体建设以及挂牌工作,建设多功能、多类别的校外教育阵地方面都有积极作为。其二是党团队共同合作的行动理念。我国历来有党建带团建、团建带队建的光荣传统,这为构建"党团队一体化"教育体系创造了有利条件。这一模式下的校外阵地活动是党组织活动、团协调活动、队参与活动的一体化活动,在更加有效地培养少年儿童的爱国主义情感,加深对党的认识,提高党团队凝聚力方面起到了重要作用。其三是阵地管理常态化的领导理念。这一管理模式正是利用政府行政管理的优势,通过推进政府主管下的阵地实体建设或为其他校外阵地挂牌等方式促进阵地活动的长期推进。

系统结构:基于政府参与管理的特点,这一模式在规章制度方面更加严格和谨慎。政府不仅是阵地建设和活动开展的规划者,也是制定配套政策推动阵地建设的指导者,还是阵地建设过程中的协调者。此外,这一模式下的管理者主要包括以各级团委和少工委为代表的政府管理者以及社区居委会、青少年宫负责人、爱国主义教育基地负责人等为代表的阵地负责人等,在阵地建设的领导力和行动力方面表现出突出优势,不过也有陷入形式化的表现和风险,因此更要立足少年儿童发展的本真需求,踏实为少年儿童服务。在这一模式管理下,反馈机制是上通下达的,但由于管理人员身份复杂多样以及多层次化,反馈形式还应更加灵活机动,特别是可以充分借助新媒体技术将阵地建设整体情况以及各种活动的结果与影响等及时公告于众,打通政府、阵地、少年儿童、家长与其他公众之间的互动通道,促进有效互动。

操作方法:从活动形式看,这一模式下的阵地除了从儿童日常生活中取材,还有效利用政府相关资源开展与自身权益保护、科技利民、国家大事理解等活动,一些制度化角色扮演或互换活动也让少年儿童设身处地了解政府不同部门的日常运行机制,对少年儿童公民意识、科学素养、社会规则、国家情感等的认知发展起着积极作用。从奖惩角度看,这一模式基于制度化和系统化的权威管理,往往制定有更为严格的奖惩措施,包括对表现优秀的少年儿童、对政府管理者和阵地方都有相应形式的激励手段,这在提高阵地建设和服务少年儿童积极性方面很有帮助。从活动宣传角度看,政府平台这一便捷条件的利用,为阵地建设赢得了更多的精神乃至物质支持。政府的介入使得阵地活动产生的反响更大,更能营造全社会关爱少年儿童的氛围。从人员需求角度看,由于这一模式管理群体的多元化,阵地实践活动除了满足少年儿童需求外,也相应满足了更多人的需求,比如管理者的责任需求。责任是构建一个组织的必要条件,①管理者需要这种责任担当来提升工作认同。

综合来看,这一模式的基本特点主要体现在:一是管理体系更具规范化。重点表现为部门设置、人员协调、信息沟通方面更为规范、规整。政府部门工作的法规授权性,使相关部门能在职责范围内通过指令性或指导性方式协调好开展活动的各种安排,保障活动有序和顺利地展开。比如 2017 年团中央印发的《〈少先队改革方案〉改革措施重点任务分解》中就明确少工委的职责之一就是"整合用好城乡团内外各类阵地,组织开展社区、校外少先队活动"。此外,良好的信息沟通机制是保证活动开展的重要基础,校外阵地能够便利与政府相关部门进行协调或提出合理建议,充分落实阵地建设和管理运行中的自主性。二是管理队伍更具协同化。政府和阵地双主体协同合作有助于提高阵地建设的整体效益、发挥不同部门的优势以及促进目标的实现。不过,这种协同合作下还应有意识建立专业化指导小组,为阵地建设与实践活动开展提供专业理论指导。三是管理投入更具力度化。这一模式下由于国家和政府的支持,投入的人、财、物资源相对较多,比如在人力资源方面,政府部门就可以委托相关组织或团体开展活动,有时也会出于本身权威性而要求相关组织与团体策划并组织活动实施;政府也可作为活

① 陈晶妍:《政府部门职业生涯规划的意义、困难与选择——兼论公务员职业生涯规划中的责任意识》,《改革与开放》2010 年第 18 期。

动的参与者,直接践行服务少年儿童的协同发展理念;在财力资源方面,国家或政府可以从财政中常规拨款或专项拨款用于阵地硬件建设,或者聘用专业人员等;在物力资源方面,政府也可以协调甚至决定一些场所、设施器具等显性资源的利用。

(三) 阵地自建自管模式

在阵地自建自管模式下,阵地方是阵地的自主建设者与管理者,也是活动的自行策划者和实施者。这一模式下的阵地性质多为公益个人或团体,或是营利性社会阵地,因此在阵地建设上更体现自主研发、自主管理、自主建设,学校或政府的干预作用则相对弱化,阵地多能从自身性质和管理理念出发,开展少年儿童教育活动。不过,由于阵地建设的资源或设施配备主要来自个人或团体筹资,也可能存在资金不足、人员缺少、社会影响面更窄等问题。

管理理念:具有自主性、实践性和教育性特点。从自主建设的发展理念上看,阵地活动策划与组织主体的单方性使阵地自身能充分发挥能动性,设计更加贴近少年儿童生活与发展需要的活动,因而更容易被少年儿童所接纳和喜欢。从基于实践的探索理念上看,多数这一模式管理下的阵地建设会秉持理论指导实践的探索精神,以开放的思维、专业化的活动方式促进少年儿童实践活动的开展。从教育性的服务理念上看,阵地在促进少年儿童情商、智商、德商、体商等方面都颇为关注,同时对新时代儿童应有的合作意识、创新精神、计算机操作能力和人际交往能力等也大为关注。

系统结构:从制度管理看,这一模式下的阵地表现出"强因地制宜"的特征,会因着阵地自身独特的性质定位或人员数量等情况表现出差异。从领导者管理角度看,领导者多自主性和服务意识,并注意加强与相关协作部门的沟通。从活动效果反馈看,这一模式下的阵地更注重活动效果的反馈,注重双向互动,既多渠道收集反馈意见,也注意把活动目标达成度以多种途径或方式反馈给少年儿童或其他参与活动的对象,这样在提升阵地的知名度以及为阵地自主建设提供改进意见等方面都非常有利。

操作方法:这一模式下的阵地活动形式多样,不同阵地具有各自特色,主要基于阵地建设宗旨与目标以及少年儿童发展实际需求来进行。在奖惩措施方面,主要面向少年儿童实施,特别善于运用奖励和鼓励机制,奖励明确具体,鼓励好的行为,吸引儿童进一步参加活动。在活动宣传方面,虽然相对其他模式而言力度小、范围窄,但阵地自身的良好建设与口碑成为其最好的宣传方式。在人员需求方面,基于鲜明的阵地特色以及参加活动的儿童多对阵地活动主题十分感兴趣,所以在满足少年儿童需求方面效果更好。

整体来看,这一模式的基本特点主要有以下几个方面:一是管理特色多样化。由于阵地自身的独特性,在建设阵地过程中针对性和发展性目标更强更具体,也更具有阵地自身独有色彩,管理特色适用于阵地发展和服务于少年儿童发展需要因而表现出多样性特征。二是管理模式自主化。由于阵地的发起者和组织者都是阵地自身,所以在自我设计、自我管理、自我发展方面意识都比较强。当然在实际运行中,也需要得到政府或社会其他力量的支持或专业化的指导。三是管理性质公益化或营利性区分明确。这一模式下的阵地既有可能是公益性的,也有可能是营利性的,但公益性阵地也不是不会获得利益,而是获得的利益返用于社会公益事业。营利性阵地的营利性表现为通过商业化运营方式服务于少年儿童的成长,这既是社会经济结构中的一部分,也是教育市场化的产物。

七、校外阵地建设与实践活动开展的政策机制

开展实践活动是少年儿童校外阵地建设的主要运行方式。实践活动的开展离不开政策机制的支持,这些政策机制在包括完善的政策及制度制定、充足的经费投入、广泛的资源利用与平台建设、高效率的队伍与人员协作以及严格的督查评价体系等方面。

（一）政策及制度的制定

首先看政策制定。所谓政策,即国家、党政团体或社会组织为实现自己所代表阶层、阶级的利益,以权威形式标准化地制定在一定历史时期内要达到的目标、遵循的原则规范和完成的任务及其采取的措施和手段。政策的制定者一般来说具有较强的权威性和预见性,因而更能全方位、多领域的把控全局的发展趋势,制定出适宜的、可操作的政策体系。完善的政策体系首先为少年儿童校外阵地建设和开展实践活动提供政策支持,推动阵地向前发展;其次使阵地建设有章可循、有理可依、有法可据;最后为少年儿童阵地实践活动的开展指明前进的大方向。

综合来看,我国少年儿童校外阵地相关政策的引导性和发展性比较突出。一是体现在相关政策对阵地建设的宏观引导作用。我国少先队校外阵地的宏观政策制定者通常是国务院、共青团中央、教育部、全国少工委等领导部门和机构。比如国务院在 2001 年和 2011 年分别颁布《中国儿童发展纲要(2011—2010)》和《中国儿童发展纲要(2011—

2020)》，从国家战略层面提出儿童发展的基本原则、主要领域、发展目标及策略措施，特别提议"利用科技类博物馆、科研院所等科普教育基地和青少年科技教育基地等资源，为儿童提供科学实践的场所和机会"。①共青团中央、全国少工委 2017 年联合印发《关于进一步加强和规范团属青少年宫管理的意见》，指出"团属青少年宫包括各级共青团组织管理的青少年宫、少年宫、青少年活动中心、青少年活动营地、青年宫（青年之家）等各类青少年校外活动专属场所，是共青团组织开展青少年社会教育的重要阵地"，要通过特色鲜明的校外活动及课程体系，"发挥好党团队衔接组织教育和思想道德教育的阵地功能，主动为基层共青团、少先队组织和大、中、小学校服务"，也要"主动为校外活动提供载体，切实建设少先队校外阵地，深入服务共青团和少先队组织开展的各类有利于青少年健康成长的校外实践活动"。团中央、教育部和全国少工委 2017 年联合下发的《少先队改革方案》中建议"拓展校外和社区少先队工作，整合和城乡团内外各类阵地"。可以看到，国家层面的政府机构和领导部门在政策上日益重视少年儿童校外阵地建设，倡导和鼓励整合少年儿童教育资源，形成教育合力，全面促进少年儿童成长。二是体现在政策客观上促进了校外阵地发展。引导性的政策必定具备前瞻发展的战略视野。从整体看，我国校外阵地建设政策的制定者能以发展性眼光厘定建设理念，并制定切实的政策方案指导阵地建设和发展，比如作为一部典型的发展性政策文件，《中国儿童发展纲要》不仅把握到未来每十年的发展趋向，将儿童的发展纳入经济和社会总体发展和专项规划，还制定组织实施和检测评估体系，增强发展理念的可操作性。

---

① 《中国儿童发展纲要（2011—2020）》。

　　再来看制度制定。制度一般指大家共同遵守的制度规程或行动准则，也指在一定历史条件下形成的法令、习俗。就少年儿童校外阵地建设而言，健全的制度机制首先在大方向上为阵地建设指明具体可行的路径，其次制度机制较政策机制更具高度的地方操作性，最后一种好的制度机制可以强化各部门的分工职责，增强责任意识。

　　严格来说，不同管理模式下的校外阵地建设制度规范各不相同，但总的来说具备可操作性和系统全面性。从制度的可操作性上看，校外阵地制度须明确具体并具有可操作性，特别是在阵地自身工作层面更要求具体细致，比如某青少年校外活动中心制度特别明确规定了活动中心主任、副主任、办公室主任、总务后勤、培训部、活动部等的工作职责以及联席会议制度，对活动中心校外阵地运行的人员分工、财产管理、财务管理、考勤等各个方面也作了详尽可行的规定，对外聘教师出勤也有既严格又人性化的规定。①这样具体的制度对人的行为会产生更好的规约和指导作用。从制度的系统全面性上看，校外阵地制度多能涵盖阵地建设与发展的方方面面。比如，新疆维吾尔自治区根据中共中央、国务院 2006 年颁布的《进一步加强和改进未成年人校外活动场所建设和管理工作的意见》以及自治区教育和教师工作会议精神，结合自治区实际情况制定的《新疆维吾尔自治区青少年学生校外活动场所建设资金管理办法》，内容就非常全面，覆盖组织管理、工作运行、发展与保障、奖励与处罚等方面，尤其是在安全保障方面规定"活动场所必须设置器材使用说明和活动须知等告示牌"，确保为少年儿童提供一个安全的活动环境。

---

① 《青少年校外活动中心制度》，https://wenku.baidu.com/view/79f5be61a98271fe900ef90d.html，2018-06-30/2018-07-07。

（二）经费投入与使用

经费投入主要指中央和地方财政预算下实际发生的费用。充足的经费投入是校外阵地建设与开展实践活动必要的资金保障,有了足够的资金才能保障阵地建设的硬件设施到位、师资队伍建设到位以及后续活动开展所需要的各种资源引入。一般来说,我国少年儿童校外阵地建设的经费投入主要包括上级资金拨付和阵地多渠道筹措等具体机制。从资金拨付上看,团属校外阵地主要是当地政府或有关部门拨付,比如在 2000 年中共中央、国务院办公厅联合颁发的《关于加强青少年学生活动场所建设和管理工作的通知》中就规定对于需要维修和更新的青少年活动场所予以经费支持和重点保障;对于爱国主义教育基地等,地方党委和人民政府、国家有关部门要制定据具体政策予以经费保障;对于博物馆等公共文化设施阵地,当地政府或有关部门要在资金、税收政策等方面予以必要的支持。2017 年共青团中央、全国少工委联合颁布的《关于进一步加强和规范团属青少年宫管理的意见》中规定团属青少年宫的管理职责由相应的团组织履行,统筹资源配置,落实财政保障政策。关于多渠道筹措资金这一经费投入方式,国家相关政策文件里也一直有鼓励和倡导,大多数校外阵地也积极采取这种渠道筹措资金,比如前述的《关于加强青少年学生活动场所建设和管理工作的通知》就明确表示"积极鼓励和支持社会力量兴办青少年学生校外活动场所和捐助各种活动设施及经费",等等。综合来看,多渠道筹措涉及的主体和方式有很多,比如合作的学校和社区捐赠、社会组织团体捐赠、其他跨界捐赠等。合作的学校和社区捐赠,主要是由于阵地多建于社区之中,在必要的活动组织和开展中方便依托社区和学校进行宣传和资金筹措,但一般多限于小量资金。社会组织团体捐赠主要是指各种专门化组织的捐赠,比如中国儿童少年基金会自成立以来为中国儿童少年教育福利事业做了大量的工作,捐助全国很多地方兴办学校、幼儿园、儿童福利院、孤儿院、儿童养育院,以及少年宫、少年之家、儿童活动站等。其他跨界捐赠指不同地域、不同领域、不同行业等之间的捐助,比如2015年湖南团省委和少工委向新疆吐鲁番市团委与少工委捐赠10万元少先队阵地建设经费以及《少先队活动课》儿童戏曲动画光碟、卡通文化产品等文化用品,①这不仅帮助了吐鲁番市的少先队建设,也进一步促进了两地少年儿童工作与事业的交往交流。

从经费使用上看,健全的经费使用机制可以使相关政策更好发挥引导作用,并优化经费使用效益,特别是规范化、明确化、透明化的经费使用可以促进良好效果的达成。一般来说,少年儿童校外阵地建设的经费使用内容主要涉及阵地硬件的配置、软件的投入以及开展具体实践活动时其他各种临时性资源投入。由于涉及方面多,所以在经费使用方面制定规范而严格的制度是很必要的,避免出现经费被挪用、占用或闲置等使用不当情况,像共青团南昌市委2014年出台的《关于进一步落实学校少先队专项工作经费的通知》,就明确规定"各级财政要将少先队工作经费纳入预算予以保障。探索通过财政补贴和政府购买服务等方式,鼓励社会组织与少先队联合开展课后活动",同时要"加大工作经费监管力度"。②这种明确具体的规定在一定程度上既规范了经费的使用也便于监督。

---

① 《湖南团省委向我市捐赠少先队阵地建设经费》,《吐鲁番日报》(汉)2015年7月30日,第一版。

② 张武明:《江西首次出台意见将少先队工作经费纳入预算,探索政府购买服务等方式开展课后活动》,中国江西网(江西手抄报),http://jiangxi.jxnews.com.cn/system/2014/06/06/013143208.shtml,2014-06-06/2020-02-08。

（三） 资源利用与平台建设

资源利用是校外阵地与实践活动得以顺利进行的基本保障。广泛的资源利用为少年儿童创设更多的教育机会,凝聚教育合力;同时拓展校外阵地建设的辐射范围,对促进校外阵地建设良好开展有重要的意义。一般而言,资源利用主要涉及自然资源和社会资源等的利用。从整体情况看,校外阵地在社会资源方面开发和利用更好一些,社会资源也能够顺畅地保障少年儿童开展实践活动,但自然资源在开发和利用方面相对没有体现出优势,多处于一种"恣意发展"的状态。实际上,自然资源在少年儿童校外阵地建设和实践活动中发挥着重要作用,比如利用山川、河流、湖泊、草地等自然资源开展实践活动能够更大地激发少年儿童参与的热情,增进对个人与人类的认识、增强环境保护意识或是热爱祖国的情感等。当前,一些阵地机构对少年儿童进行的野外拓展训练或活动是对自然资源充分利用的一种表现,应进一步倡导。比如2002年初广州市团校"在引进国际广泛流行的 ABC 理念(即历奇为本辅导)和 NLP 理念(即身心语法程序)的基础上,借鉴他们的培训内容和培训方法,结合国内青少年素质教育的实际,在团校系统内率先开设了青少年素质拓展训练的项目,引起了社会的广泛关注,既为团校获得了新的生存与发展的空间,又为青少年的发展创造了条件"。[①]就社会资源利用来看,博物馆、图书馆、科技馆、爱国主义教育基地或其他形式的人工制造场所等都是社会资源的重要组成部分,既是保障少年儿童校外阵地建设的物质基础,也是开展实践活动的重要场所,这也是利用最多的阵地场所。其中,如前面研究所述,作为爱国主义教育基地的

---

① 刘钧演、涂敏霞:《青少年素质拓展训练与青年发展——广州市团校开展青少年素质拓展训练引起的思考》,《青年探索》2004 年第 6 期。

诸多红色资源开发和利用得更为充分,2017 年我国《少先队改革方案》中特别提出"深化理想信念教育,注重加强革命文化教育,运用好红色教育资源"。作为社会资源中非常重要的一部分,红色资源能够显著增强少年儿童的理想信念,促进其形成爱国主义情感与意识。比如,上海市中小学在运用红色教育资源时还创设了新的机制,包括创设情景、协作学习与设计活动,"更重视完善德育理念、丰富育人艺术,更加关注红色教育资源的价值引导的作用,在关注学生的经验系统与智力水平、唤醒学生成长动机的同时,把红色教育资源中有价值的东西传递给学生",[1]取得了非常好的育人效果。

当然,如果能把社会资源和自然资源充分结合在一起加以开发利用,阵地育人效果会更好,这方面温州市少工委 2003 年建立的"楠风营地",作为温州首个少年儿童体验教育基地,定址在楠溪江畔风景秀丽、场地广阔、拥有丰富历史古迹的埭头村,而且构建起系统的组织管理体系、体验教育阵地体系和活动实施体系,产生了积极的辐射效应、经济效应和品牌效应。[2]这一富有特色的营地充分把自然资源和社会资源结合起来,吸引着少年儿童的积极参与,阵地作用得到积极发挥。温州少工委这一做法为校外阵地资源开发和利用提供了很好的思路。

有效的平台建设能够在少年儿童校外阵地建设中架起良好的沟通渠道;可以拓展校外阵地的服务功能,使更多群体受益;可以使阵地开展的实践活动得到最大程度的宣传,提升阵地影响力。一般来说,阵地

---

① 芮彭年:《探讨红色教育资源运用的机制与原则——以上海市部分中小学校为例》,《中国德育》2017 年第 15 期。

② 葛红敏:《少先队体验教育基地功能发挥初探——以"楠风营地"为例》,《浙江青年专修学院学报》2009 年第 3 期。

平台建设包括实体平台和虚拟平台两大类别建设,建立有效的阵地平台既需要实体平台,也需要依托虚拟网络开展网上教育。当前整体情况是实体平台建设为主,虚拟平台紧跟。实体平台主要依据前述校外阵地分类来建设,这方面全国各地涌现出很多好的理念、思路和做法。比如社区实体阵地平台的建设,宁波市北仑区霞浦小学与社区的融合教育阵地建设就提供了一些好的经验:

> 　　学校与社区携手打造"同心号"社区少先队活动基地。基地位于社区文化中心,整合了 6 个活动功能,开辟了"指挥中心"——社区少先队队室、"Hello 学园"——社区少先队队校、"动力赛场"——社区少先队健身室、"童心书吧"——社区少先队图书室、"手拉手友谊馆"——社区少先队博物馆以及"同心号船长"——社区少工委办公室。根据"学校放假,社区报到"的原则,每到周末、寒暑假,凡是社区少先队队员,均可免费使用"同心号"基地各项设施。①

　　实体平台与生活世界紧密联系,也是人与人之间面对面真实交往过程,因而在少年儿童社会化方面具有重要作用。不过,互联网等新兴媒体的发展给少年儿童校外活动实践提供了一个新的视域和空间。虚拟阵地平台主要包括网站、微博、微信公众号、QQ 群、微信群、手机报等网络载体,论坛、群组讨论、贴吧、在线聊天、交友、个人空间、公告栏等构成了虚拟平台赖以存在的网络交流空间。校外阵地通过网络虚拟

---

① 　宁波市北仑区霞浦小学课题组:《依托社区少先队平台开展融合教育的实践研究》,《浙江青年专修学院学报》2014 年第 3 期。

平台定期公布一些事务信息,如经费来源与使用情况、活动举办情况、阵地部门分工情况等,这种做法更能增进社会对阵地的了解,扩大阵地的影响力;同时所进行的定期或不定期活动宣传,也能使更多少年儿童、家长、辅导员老师或其他社会关心少年儿童成长的人了解阵地,也更能理解和支持少年儿童校外阵地工作。

(四) 队伍的建设与人员的协作

校外阵地队伍建设是主要涉及人员选拔、培养与培训以及人员的合理使用,这是一个队伍不断专业化、专门化的过程。当前,我国少年儿童校外阵地的人员队伍建设总体具有一定规模,仅据中国青少年宫协会发布的数据统计,截至 2019 年我国有青少年宫协会会员单位 915 家,囊括了 31 个省、直辖市和自治区,其中北京和广东的会员单位均达 90 家以上。[1]可以看出,仅就青少年宫系统而言就为校外阵地活动的开展提供了众多数量的专业化或专门化师资。如果再加上其他各类型阵地的队伍数量,显然规模是非常庞大的。不过在这庞大的人员队伍规模背后,阵地人员的整体专业化水平还需要不断推进和提升,像有的社区阵地人员在自我工作研究与反思中提到"社区工作人员往往身兼数职,难以扑下身子、集中精力组织开展社区未成年人教育工作。另一方面社区工作者多数都不是专业的教育工作者,受自身素质和专业技能的制约,无法有效开展未成年人校外教育",[2]所以建立常规化的系统性师资培训体系是非常迫切和重要的事情。这需要坚持指导教师专业化发展和组织管理人员专业化发展双重路径,并打造包括培训对象、目

---

[1]　中国青少年宫协会网站,http://www.cnypa.org/hydw.jhtml。

[2]　方健等:《城市社区未成年人校外活动场所运行情况研究》,《甘肃教育》2019 年第 22 期。

标、内容、主体、途径和评价等方面系统建设师资培训体系。具体而言，就是未来在培训对象范围上不仅辐射阵地教师、阵地管理者，还要加强志愿者专业化培训；培训目标要做到具体可行；培训内容要有针对性，涵盖少年儿童组织和少年儿童发展的理论知识、活动设计技能和阵地管理技能等；培训主体可根据阵地类型不同，由政府、阵地、学校或社会团体机构等分别负责实施；培训途径不仅包括专家讲座和理论知识学习环节，还要加强阵地实际工作体验和训练等；评价方面开发由管理者或领导者评价、阵地人员自评与互评、少年儿童评价、家长评价、社会第三方评价或社会其他人员评价相结合的系统评价模式。

阵地的人员协作包括阵地内部人员之间以及阵地内部和外部人员之间的相互配合与协同。良好的人员协作与配合不仅为阵地实践活动开展提供必要的基础，也有利于提高阵地的社会关注度，形成社会共同助力少年儿童成长的氛围。整体看，我国校外阵地内部人员协作机制都较为畅通，校外阵地内部与外部人员之间的沟通则根据情况不同表现出不同状态。有校外阵地人员结合实际工作通过反思研究呼吁构建"政府重视、教育部门牵头、相关部门尽责、社会各界支持，学生及家长积极参与的体制机制"，[1]这表明了不同部门及其人员之间协作的重要性和急迫性。当然，有些地域和区域在协作方面已经表现出好的机制和效果。比如，浙江宁波北仑新碶街道关工委的做法：[2]

青少年校外教育阵地建设，有牵头单位、主办单位、联办单位，

[1] 方健等：《城市社区未成年人校外活动场所运行情况研究》，《甘肃教育》2019年第22期。
[2] 《多措并举，合力共建，切实加强青少年校外教育阵地建设与使用》，http://www.nbggw.gov.cn/cat/cat28/con_28_34487.html，2018-03-26/2020-02-28。

大家心为青少年服务想,劲为支持和帮助青少年成长成才使,拧成一股绳,切实解决与落实校外教育阵地使用中的有关问题,特别是人员落实问题。从我街道教育阵地建设主体看,大致可分为三类:一是区级。街道关工委与街道团委、妇联和相关企业、组织联手共建,由关工委组织专门的工作团队协同阵地所属单位开展教育活动,如烈士陵园、污水处理厂等。二是街道级。由街道关工委与街道宣传、文化站联手共建,主要是落实专人配合开展活动,如城市书房、贺友直纪念馆等。三是村、社区级。关工委与学校、司法所、企业联手共建,主要是联系利用共建单位的专业人士开展教育活动,如武警、消防部队、看守所、高塘小学等。

可以看到,北仑新碶街道关工委在整合区域资源,建设区域内少年儿童校外阵地过程中,注重打通阵地组织内外联系,有力促进多方人员的沟通与协作,取得了显著的教育效果,自身作为基层组织的作用在创建和协调阵地建设中也得到积极发挥。

(五)　督查与评价

督查主要是对任务的落实、目标的实现的督促检查,评价则通常是指对人或事进行价值判断和分析评论,但在实际工作中,二者往往是结合在一起的,评价是督查中不可缺少的一部分。一种系统完善的少年儿童校外阵地建设督查和评价有助于阵地加强管理、进行反思和总结,也能够通过诊断阵地发展中出现的问题并提供反馈进而促进阵地可持续发展。

当前,我国少年儿童阵地建设督查与评价主体多元化,整体来说政府相关部门是重要督查主体,国家层面的团中央、教育部、全国少工委及下属机构,以及地方省、市、区县的教育行政部门或其他政府相关部门都可组织督查组进行督查评价,也可指定专门机构进行此项工作,比如上海《校外教育工作三年行动计划》(2009—2011 年)中提到"上海市青少年学生校外活动联席会议办公室组织专家定期开展督查"。从督查和评价理念上看,注重以少年儿童发展为中心,不仅督查和评价阵地是否能在满足少年儿童多样化需求基础上策划和组织活动,也很重视终身发展教育理念的落实,很看重阵地建设和活动开展是否能促进少年儿童形成终身学习能力、社会适应力以及未来推动社会发展的创造力等多种能力。从督查和评价内容看,既督评阵地自身的软硬件配置、经费拨付与使用、人员队伍素质、活动课程设置等,也督评少年儿童参加活动中的表现与阵地实际效果。从督查与评价制度方面看,国家与地方都有相关政策,而且督评方式多样,既有实地督评也有网上督评,既有专项督评也有综合督评等,督评结果反馈及时公开。比如:

> 浙江省青少年工作领导小组在 2002 年派出四个督查组分赴省内四个地市对青少年校外活动场所建设和管理工作开展情况进行督查。在平湖市,督查组具体督查了校外教育工作的领导、青少年宫的建设、活动设施、教育活动管理和社会效益、资源的整合、校外德育基地和社会实践基地以及科普教育基地等的阵地建设、监督管理、校外教育师资力量、校外教育组织网络等方面,并进行了评价交流。①

---

① 《省青少年工作领导小组派督查组来平湖市检查指导青少年校外活动场所建设管理工作》,http://www.nhyouth.gov.cn/News_View.asp?AID=909,2002-11-14/2020-02-28。根据新闻报道整理概括。

可以看到,浙江省这次督查是由省青少年工作领导小组组织的专项督查,赴平湖市的督查队伍人员构成多样化,由来自省人大科教文卫委员会、省发展计划委员会、省少工委、省民政厅社区建设处以及团省委宣传部的领导者、管理者、少先队专家和工作人员组成,进行了实地督查,督查内容具体而全面。再比如:

　　安徽省2018年4月至5月间根据省教育厅工作部署委派四个督查组以现场查看、查阅资料、填写表格、听取汇报等方式对全省102个青少年校外活动场所研学旅行实践营地和基地进行了全覆盖专项督查,并在2019年1月公布了督查结果。①

可以看到,安徽省的这次督导是省教育行政部门组织的专项督导,督查队伍由市教育局领导和专家成员组成,督查方式多样,督查内容从场所建设与管理、人员配备、经费投入与使用、项目建设与管理、阵地评价机制、互动课程设置与实施等内容进行全面细致督查,肯定优点与亮点,排查发现问题并提出工作改进要求,对省域内青少年校外活动场所发展起到了把关和督促作用。

---

① 《安徽省教育厅关于青少年校外活动场所督查情况的通报》,http://jyt.ah.gov.cn/30/view/603398.shtml,2019-01-08/2020-02-28。根据新闻报道整理概括。

第四章
我国少年儿童校外阵地建设和实践
活动的历史经验与存在问题

　　美国著名社会心理学家米德(George H.Mead)在探讨有关"过去"的问题时,谈到"过去……曾经作为限定条件,影响或导致了我们面前的新生事件的出现"。①新中国成立七十年来,我国少年儿童校外阵地建设从无到有,直至目前成规模、成建制的发展在服务少年儿童方面发挥了重要作用。历史是最好的老师之一,反思历史是为了未来更好的发展,所以总结我国历史上和当下少年儿童校外阵地建设及其实践活动开展的经验,并认识其中存在的问题,对于深化校外阵地的进一步建设是非常有益的。

---

① ［美］乔治·赫伯特·米德:《现在的哲学》,李猛译,上海人民出版社 2003 年版,第 26 页。

一、我国少年儿童校外阵地建设与实践活动开展的历史经验

（一）国家高度重视与政策连续引领大力促进了校外阵地建设

自新中国成立以来开启少年儿童校外教育起，我国少年儿童组织——少先队的校外阵地建设就同时受到重视，党中央、国务院、团中央、地方政府等通过政策或法律在这方面给予支持和鼓励。1949 年，大连市儿童文化宫的建立，开启了校外阵地建设和发展的历程。1957年，《关于少年宫和少年之家工作的几项规定》为校外教育机构和阵地的发展提供了专门政策依据。改革开放之后，校外阵地建设随之进入一个新的发展阶段。特别是 1986 年 10 月国家教委、团中央、全国妇联召开的全国少年儿童校外教育工作会议，作为改革开放以来召开的一次重要的全国会议，明确提出"必须继续动员社会力量，大力发展少年儿童的校外教育事业，坚持多渠道、多层次、多形式、多方集资兴办校外教育设施的方针，从各地实际出发，举办不同类型的各具特色的多种校外教育机构和场所"，这同时也是少先队校外阵地建设的思想指南。及至后来 1987 年国家教委、团中央发布的《关于加强少年宫工作的意见》，国家教委 1995 年发布的《少年儿童校外教育机构工作规程》，2000年中共中央办公厅、国务院办公厅发布的《关于加强青少年学生活动场所建设和管理工作的通知》，2002 年全国青少年校外教育工作联席会议办公室发布的《2000—2005 年全国青少年学生校外活动建设和管理工作的通知》，2014 年全国少工委发布的《关于加强少先队校外教育工作的意见》和 2017 年《少先队改革方案》等政策文件都持续指导和推动

了校外阵地建设的开展。这些政策不仅出台频率密集,体现着国家的重视,而且在政策主题上更加注重以儿童为本,极大关照少年儿童当下和未来发展需求。与此同时,政策内容更加丰富和科学,制定过程也更加理性和严谨,在促进社会资源服务于少年儿童,鼓励有利于少年儿童发展的社会行为以及解决社会话语和教育话语下少年儿童发展中面临的一些问题都起到了非常重要的作用。这一历程也表明,坚持党的领导并依靠党政支持,积极理解相关政策并贯彻落实,这是我国少年儿童校外阵地建设与实践活动开展的有力支撑和保障。当前,习近平总书记也多次强调"孩子们成长得更好,是我们最大的心愿","各级党委和政府、社会各界都要重视培育未来、创造未来的工作,关心爱护少年儿童,重视支持少先队工作,为少年儿童办实事,让孩子们成长得更好"。校外少先队工作作为校内少先队工作在社会中的延伸,必须始终坚持党的领导并不断深化推进。

(二) 把开展适合少年儿童身心特点的活动作为阵地建设主要方式

从历史发展来看,我国少年儿童校外阵地建设从最早的儿童文化宫到今天的少年宫、社区、妇女儿童中心、爱国主义教育基地、各种营地和其他多类型社会资源机构,从早期的爱国主义教育、科技讲座和文化体育活动拓展到今天涉及社会各个领域的多种类多层次的活动类型,阵地的自身建设、工作思路、活动方式等方面不断创新发展。总的来说,突出了"实践活动"作为校外阵地对少年儿童成长发挥其独特作用力的特点。进一步说,主要体现在以下几个方面:其一是加强学校与校外阵地活动的融合联动:注重培养少年儿童体验性、动手能力等,同时市区县级少工委在加强统筹，推动学校和社区共建，按照属地划分、就近就便原则组织孩子们在放学后、假日里到社区开展实践体验活动方面也不断深化。其二是依托阵地开展自主性活动：注重结合少年儿童的特点和爱好，开展形式多样的主题教育、兴趣培养和实践体验活动。其三是推动少年宫活动进社区、下基层：基于校外活动资源分布不均衡状况，在推动少年宫开展好各类文化、体育、科技、艺术活动并融入和体现少先队元素的同时，积极开展流动少年宫，推动少年宫发挥师资等方面的优势，走进社区、乡村开展活动，增加更多少年儿童的体验感，服务其成长。其四是夏（冬）令营活动得到拓展且活动目标更加精准，特别是结合教育部门倡导的研学活动，公益性、普惠性夏（冬）令营和假日活动得到广泛开展，为少年儿童提供了更多个性化服务。所以，透过历史可以看到，只有围绕少年儿童自身成长发展要求和需要，主动、积极创新和丰富阵地活动的内容和形式，不断突出思想性、实践性、自主性，充分调动少年儿童的积极性，才能使少年儿童更加主动进行社会活动参与，才能真正达到预期教育目的。

（三）　学校、家庭和社会资源的协同作用促进了校外阵地系统化建设

我国少年儿童校外阵地的建设与实践活动的开展在新中国成立初期多在少年宫、爱国主义教育基地进行，及至改革开放特别是社会主义市场经济体制建立以后，基于教育思想观念的变化，越来越依靠家庭和社会各界资源的支持与协同。其一是与学校教育相结合，鼓励学校辅导员发挥支持和辅助作用。由于学校辅导员在了解少年儿童特点以及组织工作熟悉程度等方面具有优势，因此一直以来都是校外阵地的得

力辅助力量。特别是在学校与校外共建共管阵地活动开展中,学校辅导员多与少年儿童一同或走进社区,或走进校外其他活动场所,以校外阵地活动志愿者或指导者身份直接参与或带领少年儿童开展活动。其二是日益壮大的社工力量的支持,尤其是进入 21 世纪以来,随着《中长期青年发展规划(2016—2025)》以及《关于加强青少年事务社会工作专业人才队伍建设的意见》等文件政策精神,包括大学生在内的越来越多的社工力量直接走进社区、基地,走进博物馆美术馆等,成为少年儿童各种校外阵地的志愿者,服务于少年儿童的发展。其三是家长和其他社会力量的积极参与和支持。由于对家庭教育地位认识的持续加强,有越来越多的不同家长根据不同职业、专业背景,更有意识主动参加少年儿童校外阵地活动的开展。其他力量诸如"五老"同志、社区工作者以及其他热心少年儿童事业的人士在担任少年儿童校外阵地志愿辅导者方面的投入也越来越多,特别是包括卫生、政法、公安、消防、环保、质检、体育等政府职能部门和社会组织在开展阵地活动活动的意识和热情也日显增强,更多关心和服务孩子们的成长。积极争取社会各界的支持,并积极用好来自社会各界的正能量,把对少年儿童培养方面的学校教育的日益"扩张"趋向与校外阵地教育日益"脱域"作用有机协调起来,建立社会性体系,实现系统化发展和协同育人机制,这是保障我国少年儿童校外阵地教育效益的有益经验之一。

总的来看,我国新中国成立以来少年儿童校外阵地建设与发展的历史经验表明,好的政策是校外阵地建设和发展的基本保障。这些政策的制定和作用发挥得到了党和政府的关怀和领导,也得到了社会团体乃至公司企业、社区、家庭等力量的支持,这是推动我国少年儿童校外阵地建设与活动开展的有力路径。为此,在我国当前整个国家治理体系中,面向未来的社会发展与创造性人才培养,成人世界所需要做的就是要更加积极主动地将少年儿童校外阵地建设主动融入国家和地方推进基层公共文化服务标准化以及社区建设等党政总体工作和相关规划中,并在场所、经费、人员等方面给以充分保障和支持,这不仅是我国少年儿童校外阵地建设持续化发展和优化发展的路径,也是社会真正关心爱护少年儿童,"为少年儿童办实事,让孩子们成长得更好"的最佳选择。

二、我国少年儿童校外阵地建设和实践活动所存问题

目前,基于国家社会发展的基础和现实要求,以及面对国际竞争的挑战,少年儿童校外阵地建设在很大程度得到重视。但在关于对人的问题、教育的问题、社会的问题等层出不穷,思考不断加深,理念也不断推陈出新的情况下,能高站位和发展的视角去反思阵地建设发展中存在哪些问题,必将对下一步的行动改进起到积极作用。我国有研究曾就青少年活动阵地建设面临的问题作过总结,比如资源贫乏、总量不足;发展不平衡,分布不合理;政出多门、管理不到位;生存压力大、工作目标异化;设施老化、人员结构不合理等,这些问题的存在使我国青少年活动阵地建设整体上处于滞后状态。①呼应这些问题的存在,研究者发现以下几个问题更为显著:

(一) 阵地建设的体系化和系统性以及社会整体关注度有待加强

少年儿童是一个国家的未来建设力量。在我国,作为执政党群团

---

① 张华:《我国青少年活动阵地建设发展历程及相对滞后的原因分析》,《青少年研究》2004年第1期。

组织的少先队，其目的不仅在于培养政党的后备力量，且同样关注少年儿童作为一般社会公民所需要的素质培养。因此，一般教育学意义上的教育场所和空间的利用和特定组织意义上的教育场所和空间的利用没有根本差别，除了在是普通教育还是组织教育这方面的侧重点区分外，具体到每个少年儿童的发展则体现更多共性。但透过历史和现实的情况来看，我国在少年儿童组织校外阵地建设的专有性方面还不系统和突出，少先队组织的校外教育在很多时候仍湮没在普通教育视野下，社会上对其的整体关注度也不高。这具体表现在：

其一，有关部门在少年儿童校外阵地建设顶层设计方面欠体系化，在协调社会各种资源服务于阵地开发和建设的社会共识、资源输入、协调机制、专业指导等方面缺少专业化政策指导和激励，现有相关政策在实操指导力和评价促进力方面有待加强，相关部门之间在共识达成和现实协调做事方面也存有弱性特点。因此，提高相关部门对少年儿童校外阵地建设体系化和系统性发展的认识和重视度，加强顶层设计的全面推进是非常重要的。这将有助于转变社会对少年儿童校外社区阵地漠不关心或不知如何参与的状态，对校外阵地开发和建设将起到实质性推动作用。

其二，学校层面的校外阵地建设和活动也处于零散状态，缺乏整体建设思路和持续推进。一方面表现就是对校外阵地建设缺乏整体、全面的规划思考，为建设阵地而建阵地，即便有阵地挂牌但流于形式的多，在利用上不充分；另一方面表现就是校外阵地建设的主体性不够突出，多缺乏少先队作为少年儿童组织的特有文化与理念彰显，相应的实践活动设计缺乏长期、中期和短期相结合的整体构思，不能很好设计与学校自身文化理念和少先队组织发展相结合的系列主题活动。

其三,大部分阵地本身多为日常事务性运行,缺乏明显的阵地文化建设意识和针对少年儿童的系统活动设计,创造性不强,导致阵地利用上很难通过文化熏染的力量来帮助少年儿童开启智慧、开发技能、陶冶情操。新近一项针对长春 6—18 岁青少年所做的校外生活调查结果显示,"有 44% 的青少年对现状校外活动生活不满意","有 64% 的家长对青少年校外活动生活不满意",且"年龄越高对青少年校外活动满意度越低"。①虽然这是区域性研究结果,但可以从中窥探一般,也说明校外阵地在系统化和体系化建设方面存在问题。此外,作为重要社会资源同时也是少年儿童校外阵地重要支持者的家长在阵地建设和活动的关注度上整体上也并不高。比如有这样一段调查者与社区居民的对话:②

> 调查者:您支持孩子参加社区开展的教育活动吗?
>
> 居民:看情况而定,偶尔会参加。
>
> 调查者:什么情况下会参加?
>
> 居民:寒暑假周末有活动的话,会参加,平时一般不会。
>
> 调查者:平时为什么不参加? 是因为没有时间吗?
>
> 居民:不全是,社区教育的活动内容总是那么几样,我们是老住户,经常参加也没什么新意。

通过这个简短的对话可以看出,一方面的确有社区阵地建设活动的开展,但创造性缺乏,内容不丰富、形式不新颖,因此不能长期吸引和

---

① 田雪娇等:《基于需求调查的青少年校外活动基地布局研究》,《活力城乡,美好人居——2019 中国城市规划年会论文集》(20 住房与社区规划),2019 年 10 月,第 763 页。
② 段晶晶:《少先队社区教育的现状调查研究——以山西省太原市为例》,山西师范大学硕士学位论文,2015 年。

调动儿童和家长参与的积极性,导致缺乏常态的教育效应。有社区阵地工作者也自我反思认为应"增强社区校外教育的实用性、可信度、亲和力,吸引辖区未成年人主动参与,真正落实教育责任,增强教育实效";①另一方面,家长出于工作压力和对活动本身的兴趣而对阵地活动的关注度并不强烈。因此,如何实现阵地建设和活动开展中各方力量的协调和整合,这需要系统化思路和体系化设计。

(二) 阵地专业人员配备不充足影响阵地功能全面发挥

少年儿童阵地建设虽主要面向"少年儿童",但其意义绝不仅限于当下少年儿童的发展,更是社会健康发展的需要。所以阵地建设和活动开展要遵循事物发展规律,以专业化视角来进行。少年儿童校外阵地作为"立德树人"的有机载体,专业化的成人队伍配备对阵地功能的全面发挥起着至关重要的作用。但在我国目前校外阵地建设中,无论是校内辅导员队伍还是校外阵地工作人员,往往被重视的是工具性的存在,在专业化发展方面则明显有欠缺。

具体表现为:一是阵地专业人员数量配备上偏少。据有研究显示,我国目前有 2 亿多少年儿童,"与校外教育工作者的比例为 10 620∶1",②这个比例明显不合适,校外阵地专业人员的缺口非常大。二是阵地人员的专业化素养结构不系统。现有校外阵地人员走的是职业化而非专业化路线,学历、专业背景等差异比较大。特别是部分校外阵地会面向社会公开招募工作人员时,所涉及的专业范围也较宽泛,特别是对教育学或者心理学等从事教育工作所必备的条件性知识没有突出强调,所

---

① 方健等:《城市社区未成年人校外活动场所运行情况研究》,《甘肃教育》2019 年第 22 期。
② 张华:《我国青少年活动阵地建设发展历程及相对滞后的原因分析》,《青少年研究》2004 年第 1 期。

招聘的人员专业学历背景以及个体间其他差异都较大,师资整体结构配置不完全合理。即便是学校的少先队辅导员在专业化素养方面也整体偏弱,许多都是学科教师直接上任,摸索进行组织活动。尽管这几年少年儿童组织与思想意识教育学科的建立增强了少先队发展中的学术理论指导性,但所培养的研究生限于政策原因,很难直接从事大队辅导员或相关少先队工作。所以,学校内外与校外阵地相关的成人队伍"专职而不专业"的现象极大限制了校外阵地的建设和实践活动的深入开展,校外阵地得不到充分利用,功能得不到充分发挥。三是阵地人员专业化培训不充分。"先天不足后天补",在职培训是提升校外阵地专业人员专业素养的重要机制。但据调查了解,多数校外阵地在专职人员培训的提升层次上并不一致,虽然校外阵地专职人员的培训较兼职人员多一些,但整体看还不足以应对面向未来的挑战。比如在校外阵地人员问卷调查中涉及对专职人员目前学历情况的调查(见图 4-1)。可以看到,多数校外机构的多数人员是本科学历,具有研究生学历人员的机构比例较小。在今天社会发展日新月异、新理念层出不穷、新挑战和新机遇都比较强的时代,专职人员乃至兼职人员的学历整体要求以及

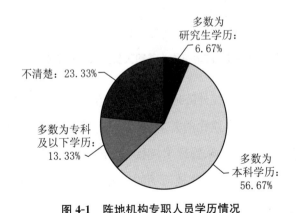

图 4-1　阵地机构专职人员学历情况

水平整体提升都应是一件十分受关注的事。

　　另外,在问及阵地机构是否有兼职人员并是否为兼职人员提供培训时,63.33%的被调查者反映自己所在机构有兼职人员,不过自己所在机构虽然有为所聘任的兼职人员提供业务方面的培训,但这种培训是零星分散进行的,并不系统(见图4-2)。如图所示,虽然有四分之一强的人认为自己所在机构为兼职人员提供与专职人员一样的常态化培训,但这个比例对于阵地队伍整体的专业化是不足够的,况且还有52.63%的人认为对兼职人员只是偶尔进行培训,还有四分之一弱的人认为自己所在机构不会为兼职人员提供任何培训。这种情况显然不利于阵地功能的长期性和全面性发挥。

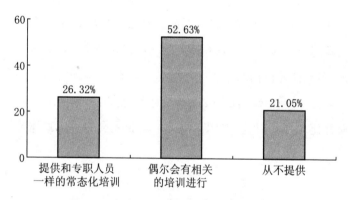

图4-2　阵地机构为兼职人员提供培训情况

　　因此,在少年儿童校外阵地建设与实践活动开展过程中,相较于专职化成人队伍建设,专业化的需求更加迫切。在校内和校外同时加强配备具有教育学、心理学、管理学、组织学、政治学、社区教育等方面的专业化人员是开展好校外阵地活动的必要条件,也是将阵地功能发挥到更大、更全的关键所在。

(三) 各地经费投入差异大而经费不足的阵地难以有效开展活动

有研究数据表明,仅就校外阵地少年宫经费投入情况看,新中国成立后累计投入 80 多亿元,平均到全国青少年人均 15.07 元;青少年活动阵地拥有的固定资产全国青少年人均 28.25 元。[1]这样的经费数字背后难以支撑良好的阵地建设和活动运行。近些年在各类校外阵地投入上,加上社会渠道来源,较之以往有所增长,其中东部地区比西部地区经费投入多,中心城市比一般城市投入大,城镇比农村地区投入多,但总数和人均数值上相对而言还是很低或比较低的。

在校外阵地人员的问卷调查中,校外阵地人员所反映出来的阵地建设中存在的问题,"经费不充分"和活动场所问题以及社会协作机制问题并列位居首位(见图 4-3)。

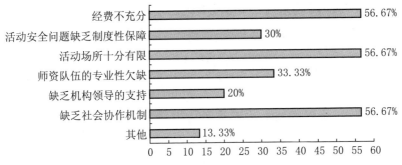

图 4-3 校外阵地人员对阵地建设及活动开展存在问题的认识

在问卷中问及辅导员同样的问题时,"缺乏经费保障"是仅次于安

---

① 张华:《我国青少年活动阵地建设发展历程及相对滞后的原因分析》,《青少年研究》2004 年第 1 期。

全问题和时间难以保证的第三大问题(见图4-4)。

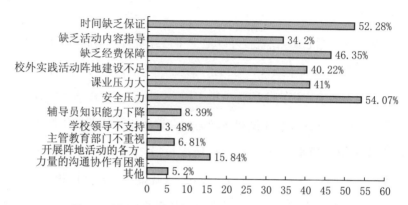

图 4-4　辅导员对阵地建设及活动开展存在问题的认识

　　在研究者的实地访谈中,一些校外阵地负责人也感慨"经费很难保障""资金来源受限",有的负责人面对这种困难以乐观的态度坦承活动中要不"自己掏钱买材料,材料自己带",要不就是"脸皮厚,想办法'化缘'"。总之,国家和政府财政经费投入总量的不足,社会企业、团体及个体的捐赠动力整体不足,国家调动民间资本投入阵地建设的扶持政策也很少,这些都极大制约着校外阵地深度建设和普惠化发展。

(四) 阵地实践活动形式有待进一步生活化和常态化

　　目前,我国各类少年儿童校外阵地的活动有极大增长趋势,但受重智育轻德育、重学校教育轻家庭教育与社会教育等思想的影响,再加上受少年儿童组织在学校与社会中实际地位的影响,校外阵地活动开展中也存在几个不可忽视的问题:一是活动参与对象涵盖不够广泛,活动场所或阵地空间布局不太合理,不是每一位儿童都能根据自己的发展需求得到便利的且无条件参与的机会。有区域性调查结果显示,"75％

的青少年家长认为急需建设街道级、社区级及居住小区级青少年校外活动场所","对近距离场所的需求较大"。①二是部分活动带有形式主义或表演式色彩,儿童的参与感受更多停留在意识形态层面或口号上,而在真实地提升自己、帮助他人、改造社会方面的体验并不强。三是诸多活动设计本身与少年儿童日常生活事务有所脱离,不能以少年儿童的生活中的实际发展需求和问题为抓手设计活动主题,导致儿童是在日常的生活轨道之外去理解所参与的活动。四是诸多活动的设计开展呈断续或运动式特点,很难持之以恒和一以贯之地开展,因而形不成对少年儿童的教育濡染或深刻影响。对校外阵地实践活动认识上的不充分,再加上经费、时间、人员等支持条件的局限,校外阵地活动的日常性与活动影响的持久性、连续性无从体现。所以,把校外阵地实践活动形式进一步推向常态化与生活化才更具有现实的教育意义,对少年儿童所产生的影响力才会更加深刻、持久,阵地建设才会具有真正的生命力。

---

① 田雪娇等:《基于需求调查的青少年校外活动基地布局研究》,《活力城乡,美好人居——2019 中国城市规划年会论文集》(20 住房与社区规划),2019 年 10 月,第 767 页。

第五章

现时代少年儿童校外阵地建设与开展实践活动的新要求与新发展

当今世界和社会都在急剧变革中发展。在世界丛林中，国家的利益比任何时候都显得更加重要。我国已迈入一个"新时代"。这个"新时代"，是对国家命运的解读，也是对未来发展机遇和希望的指引，但不可否认这一过程面临着巨大的内外挑战。因此，国家的安定和强盛，民族的认同和支持比任何时候更重要。就一个国家的教育而言，借大科学家爱因斯坦的观点来看，就是要"培养有独立行动和独立思考的个人，不过他们要把为社会服务看作是自己人生的最高目的"。[①]为此，这需要每一位中国人都保持正当的国家利益观，也需要年轻一代正确理解国家与个人、社会与个人之间的关系，建立起深厚的爱国主义情感和国家的自豪感，树立起强烈的国家发展责任意识。少年儿童是未来主宰国家命运的人，因此在这新一时代，除了依托国民教育体系对少年儿童进行全面系统的教育外，依托少年儿童组织特别是少先队组织专有

---

① ［美］爱因斯坦：《爱因斯坦论科学与教育》，许良英、李宝恒译，商务印书馆 2016 年版，第 130 页。

引领作用的发挥,力促全社会形成关注少年儿童、关心少年儿童、支持少年儿童的状态,主动化"已资源"为"主阵地",积极展开适合少年儿童发展的各项活动,为培育少年儿童健康成长而持久努力,这是一个基础而重要的问题。

一、现时代少年儿童素质发展与校外阵地建设新要求

（一）　国际竞争加剧要求在校外阵地中深度培养有国家情怀的人才

当前,国际交流日益加剧,世界合作日趋紧密,世界体系中任何一个国家的发展比以往任何时候都更需要具有国际视野、国际交往能力、国际事务处理能力的人才,但国际竞争的加剧要求国家在培养公民过程中更要注意最高的道德——也就是"爱国心"的培养。只有具备了这种国家情怀,并在这种情怀中培养年轻一代的世界眼光和国际视野,才能使之真正成才报国,推动国家文明乃至世界文明的进步。不过,爱国心的深度培养不能靠书本说教,也不能只局限在组织内部进行规训,而是要在广阔的社会实践参与与体验中完成。因此少年儿童"爱国心"的培养,必须从社会角度出发,必须借助全社会资源的主动开发和利用去塑造与升华。也就是说,在少年儿童校外阵地建设中,不仅要从"国内的公民"与"世界中的个体"角度培养少年儿童对国家的政治情感与政治理解,还要借助于生动的实践、参与、体验以及反思去形成少年儿童关注国家、关心国家的政治态度与基本能力。这也就对少年儿童校外阵地的全局建设和体系化发展提出了更高的要求。

（二） 创造性人才的培养要求校外阵地建设保持开放性和融通性

新时代呼唤并需要富有创造性的人才，这有赖于社会实践的基础培养作用发挥。教育意义上的社会实践不是简单的"做事"过程，作为一种社会性活动，其在形式上涉及政治、经济、军事、教育、科技、卫生、社会治安、社会管理、公共服务等社会各个领域。因此，专门服务于少年儿童的校外阵地也理应是涵盖全社会领域的概念，需要既有阵地以更开放的意识、合作的态度与外界资源单位之间架构起融通联系，在受众上打破既有对象的局限，通过管理理念和制度的更新与行动变革实现真正意义上的资源共享、相互支撑，并在保持自身特色基础上强化对全体儿童服务的意识和能力。此外，校外阵地建设的开放性也意味着校外阵地不能简单等同于学校内教育的延伸，不能完全照搬学校教育样式进行发展，不能搞千篇一律，而是必须结合自身特点进行建设。

（三） 全面发展的人的培养要求校外阵地建设更具有包容性

我国教育的目的在于培养德智体全面发展的人，这与世界上其他多数国家的教育指向是一致的，即本质上都在于培养人性健全的人。全面发展的人是能够自我定位、自我管理、自我发展、自我完善并具有自我认同的人，是能够促进民族精神自我更新的人，这也是现时代国家和社会在激烈的国际竞争发展中提出的更加迫切的培养要求。但全面发展的人的培养不是说教出来的，也不是独立于一定社会文化之外打造出来的，而是必须放到真实的、复杂的社会文化和场景中，通过体验、感悟、操作、实践、反思来逐渐完成。所以，校外阵地作为社会文化体本身和传递社会文化的中介体，必须具有包容的姿态和特点。这种包容性意味着校外阵地活动对少年儿童而言，必须是真实的和生动的，是"生活化"的存在，能通过提供安全的心理氛围成为少年儿童体验生活中成功与失败、喜悦与悲伤、平静和愤怒等各种情绪情感和学习各种技能技巧的空间，因而成为少年儿童借此锻炼、历练并真正成长的场所。

二、我国少年儿童校外阵地建设与开展实践活动的新发展

少年儿童校外阵地建设与实践活动不仅是丰富少年儿童组织文化的实效机制和对少年儿童进行思想意识教育的重要载体，更是全方位、全面、全程育人的基础工程。作为学校教育的必要延展和协同力量、少年儿童组织教育的实体补充、社会教育的特色形式，校外阵地建设的完备性、系统性、规范性及其实践活动开展的常态化、制度化、生活化，都关系着少年儿童个体社会化的发展需要以及少年儿童组织自身发展的需要。1999 年，中共中央国务院《关于深化教育改革，全面推进素质教育的决定》指出培养 21 世纪现代化建设需要的社会主义新人需加强学校教育与社会实践的结合，加强学生校外活动和社会实践基地的建设。2012 年 9 月，教育部下发的《关于加强中小学少先队活动的通知》指出要加强少先队活动基地建设，充分调动社会各方面的积极性，挖掘各种社会资源，有效整合、利用各级各类校外教育机构，包括校外活动场所、社会实践基地等教育资源，为少先队活动的开展提供必要的条件保障。2017 年 2 月，全国少工委公布的《少先队改革方案》指出进一步深化少先队改革的举措之一即"拓展校外和社区少先队工作"，等等，基于历史经验的证实、少年儿童素质养成的客观要求以及新时代下少年儿童组织政策的现实要求，可以明确少年儿童的健康成长存在于学校、家庭、

社区以及少年儿童组织之间相互连接的生态系统中。因此,顺应时代潮流、紧跟党团引领、围绕儿童所需,有针对性地探索少年儿童校外阵地建设工作的新理念、新途径、新方法,不仅可以坚实发挥校外阵地本质上作为"一种培养人的社会性实践活动"的育人功能,①更将会促进我国相关工作改进并为国家与民族发展奠定坚实基础。

(一) 确立系统的校外阵地建设组织管理机制促进功能深度发挥

组织管理是组织正常、有序、合理运行的重要依托,组织管理与组织文化、组织架构、组织成员、组织机制的建设、统筹、协调息息相关,因而组织管理的系统性、灵活性、科学性对组织发展与少年儿童成长至关重要。

针对校外阵地的特点,在组织管理机制方面可以首先进一步加强市、区、街道、社区校外阵地建设管理体系,以地域位置为主要结点成立校外活动团体,积极拓展少年儿童组织教育的社会影响力。在此方面的建设,结合现有就近建队和社区少先队建设经验来看,还可进一步通过把基层社区少先队建设纳入社区工作考核、社区文明测评系统的制度化方式实现阵地组织的长效运作与影响力扩大。

此外,要积极落实服务型观念与服务化运行机制,要注重把校外阵地建设成为"为少年儿童服务"为宗旨的校外平台,面向全体少年儿童建设动态、开放、灵活的组织运行机制,实现少年儿童人人可参与、人人想参与、人人多参与状态。在此基础上,阵地管理人员要主动做好儿童

① 戴妍、姚阔耀:《我国校外教育的核心功能及其实现》,《贵州师范大学学报》(社会科学版)2019年第4期。

建档立卡工作,积极开发和创新阵地文化和活动形式,在与少年儿童交流合作、平等相处中提供真诚服务,充分发挥阵地的教育功能。

不仅如此,基于校外阵地建设管理的复杂性、空间的广域性、任务的繁重性,还可以使校外阵地及活动组织成为生发民主管理思想与实现政治启蒙的现实土壤,积极鼓励并创建相应制度和活动机制促使少年儿童主动参与阵地管理,赋权少年儿童以领导者角色,培养少年儿童领导力,激发校外阵地管理的原生动力,促使阵地建设管理变"独舞"为"集体舞",使校外阵地真正成为少年儿童思维拓展、能力训练和真实参与社会生活的实践阵地。

在组织管理机制方面,借鉴国外少年儿童组织活动经验,还可以制度化招募与系统化培训有志愿热情的家长以及其他社会人员等参与阵地的活动组织或服务工作,凝聚多方力量,聚焦多种视角,丰富少年儿童组织人力资源并增添教育活动的活力。

(二)　吸纳专业人才增加专业人员配备并加强专业引领

校外阵地建设和活动开展的顺利与否、恰当与否、专业与否,关系到阵地育人功能能否得到全面发挥。与校外阵地建设和实践活动开展相关的成人队伍作为活动的策划者、组织者、领导者、协调者在活动过程中起主导作用。目前校外阵地成人辅导力量存在着薄弱化、流动性大、专业程度有限等突出问题,因而大力吸纳专业人才进入到成人辅导队伍中来,增加阵地中专职与兼职类型的专业人员配备,打破"专职而不专业"的限域,这是保证阵地建设和活动开展合教育规律与合儿童需求的重要保障。

一方面是增加校外阵地的少年儿童组织专职或兼职的专业辅导员

设置。这可以根据国家政策、阵地服务宗旨、阵地发展理念和周边可利用资源具体情况来确定并加以制度化,积极尝试通过聘任、晋升、奖励、公益服务等多种方式鼓励专业人才、优秀人才与少年儿童组织共谋发展,做好少年儿童校外阵地规划和活动设计,实现专业引导。另一方面是扩大招募并积极培训校外阵地志愿辅导员。社会蕴藏着丰富的人力教育资源,这也是校外阵地建设中的一大优势。校外阵地建设中,要关注这种资源的开发与利用,无论是民警、消防战士、文化传承人、退休老干部、艺术家、家长、还是大学生等,只要热爱少年儿童工作,对少年儿童教育事业有殷切关注的人员都可纳入吸引行列。其中,不仅可以借助多种媒体进行活动的靶向招募,还可以建立志愿辅导员培训体系,定期通过宣传招收社会人员接受系列主题培训,积极培育志愿辅导员队伍。

此外,少年儿童组织若意在社会中扩大关注度与影响力并形成组织教育工作的良好环境,仅靠政策法规还不够,还要积极获取社会各界人士的观念认同、态度支持与行动助力,因而可积极借助社会媒体传播速度快、涉及范围广、社会影响大的特点,调动社会媒体工作者与阵地工作者深度合作,并通过各种大众传媒拓深阵地活动的社会意义,广泛传播少年儿童组织教育理念,提高组织的社会声誉,为校外阵地教育的开展创造积极的外在环境和社会认可。与此同时,还要积极主动与少年儿童组织教育理论研究者进行合作,增强理论的精准指导。少年儿童组织是发展还是停滞,在于组织的外部环境适应性,组织变革是随着儿童时代特征不断变化的动态过程,因而积极回应校外阵地和少年儿童组织理论研究者的共同利益诉求,找寻契合点,或进行主题沙龙,或进行行动研究,或进行评价督导等都可以促进校外阵地建设的专业性发展。

（三）　把校外阵地社会资金筹措与少年儿童发展充分结合起来

经费是基础，也是保障。如前所述，我国在校外阵地建设中的经费投入总量不充分，且地区间差异非常大。除去北京、上海、广州这样的首都城市或东南沿海经济发达地区的大城市外，在广大的中西部经济不发达地区尤其是农村地区，阵地建设和活动开展的经费投入非常有限，资金、人力、物力的支持力度都需加大。在政府支付和多渠道筹措方面应加大政策扶持力度并积极在贷款优惠、减免税收、捐赠方面提供实质性制度和环境保障。

一是争取用于阵地建设和开展活动的政府资金和安全保障。在目前工作中，政府经费拨付的方式是政府购买公共服务和志愿服务。要保证好的服务效果，政府要重视校外阵地的平台建设，在不断完善阵地公共服务设施基础上，在专门项目和资金给付上把好关，保证每一笔投入充分使用并用到实处，保障每一位少年儿童都有机会享受到发展的基本权利。

二是积极开拓多渠道筹备阵地资金。在这方面不仅可以依据科学的捐赠理念与技术路径设计并募集大额或小额活动资金，还可借鉴国际童子军组织的一些做法，结合国内"文创"理念，开发少年儿童组织特有文化产品，鼓励少年儿童个人或团体义卖，这样既可以扩大少年儿童组织的社会效应，又能锻炼儿童的社会适应能力、言语表达能力、人际交往能力、经济能力等。近些年多有学校或社区阵地等组织少年儿童进行"少先队跳蚤市场""运动会义卖饮料""学校种植园果实售货"等活动，如果在此基础上进一步系统化开发，少年儿童在其中收获的更远远大于经济收入或部分理财能力，而更多的会是经历，是成长，是对社会真实生活的体验、把握,以及在处理真实社会问题中的真实能力提升。

三是实行多阵地资源共享。共享资源,就是节约资金投入成本。为此,无论是政府、学校、阵地,还是社会人士等,都可以搭建沟通和交流平台,共同探讨阵地建设和活动开展的理念,共同谋划资源共享的制度和机制,彼此之间的这种合作,既是为自己阵地资金投入减负,同时也是为其他阵地建设增能,这是良性的合作与运行机制。

(四) 以"头脑中建阵地,行动上用资源"理念活化社会资源为阵地

我国伟大的教育家陶行知强调生活即教育,主张教育同实际生活相联系,注重培养儿童的创造性和独立工作能力,但我国传统教育思路一直注重少年儿童的"书本世界",并把"书本世界"和"生活世界"分离开来,这对少年儿童各方面发展产生了诸多不利的影响。少年儿童校外阵地本身就是社会生活中的一种实存,阵地如何定位自身服务理念非常关键,是定位于外在少年儿童生活世界的存在,还是真实服务于少年儿童日常发展需要的存在,这决定了阵地发挥的实际教育效益。在国外,青少年的校外社区教育更是注重满足其生活享用需求,所以开展的活动服务直接关乎日常生活和学习的方方面面,活用各种资源,把日常生活中所遇之事的解决转化为社区、服务中心所开展的活动指向,充分体现了生活即教育的本质:做中学,学做合一。因此,我国校外阵地活动应打破对学校教育简单延伸的"单一性和机械性"特点,而应更加关注少年儿童的系统的"生活世界",不仅活动的主题和内容要来自少年儿童所接触的现实生活,同时也应该以现实生活中实际问题的解决作为活动的主要目标,以来培育少年儿童的社会性并促进其社会化

进程。

　　为此,首先要建立对"阵地"概念的结构化认知。当前我国对少年儿童校外阵地主要基于事实性知识视角而加以认识,这是对已有的、重要的且可靠的资源的一种基础性认识,但从发展的角度看,对"阵地"的理解要能主动超越对这种事实性知识的认识,要能主动打破基于事实性知识的"惰性"特征带来的认知孤立与思维的片面性,而进一步从概念性知识角度去认识,因为"事实性知识是相互分离的、孤立的内容要素",而"概念性知识是更为复杂的、结构化的知识形式"[①],系统化、结构化与关系化的"阵地"理解视角更有利于社会化阵地网络的形成,也更有利于成人以及少年儿童理解日常活动经历、获得意义并有效进行问题解决。其次要真正确立校外阵地活动"儿童性"的基本认识观。阵地活动的主体是少年儿童,活动开展的目的既不在于对成人世界秩序的简单强化,也不在于组织本身的发展,而在于少年儿童成长的目的和需求。这就要求阵地活动中成人的引导和指导必须超越成人取向思维与文化,要从儿童立场出发,结合儿童现实生活世界所遇展开活动,才能真正服务于儿童发展。其次是进行社会化阵地网络建设,以"用资源"理念积极开展阵地建设和实践活动。"整合资源是提高少先队组织贡献率、参与率、认同率和影响力的保证"[②],这需要政府、少年儿童组织乃至社会人士都能够建立起"头脑中建阵地,行动上用资源"的主动意识。在研究者的访谈中,有资深少年儿童专家就特别主张"理念上'建',行动上'用'",提出"社会处处皆阵地";无独有偶,也有校外阵地

---

① ［美］洛林·W.安德森等:《布卢姆教育目标分类学:分类学视野下的学与教及其测评(完整版)》,蒋小平、张琴美、罗晶晶译,外语教学与研究出版社 2009 年版,第 22 页。

② 吴建明:《少先队工作实践与理论研究》,浙江大学出版社 2011 年版,第 266 页。

负责人持类似观点,有的认为"要对社会资源广泛利用",有的认为少年儿童校外活动要更新"从学校到基地"的认识至"从学校到社会"的认识,提出"每一个社会场景都是基地"的观点。实际上,少年儿童校外阵地的建立本身就是人主观意识的产物,因此在少年儿童组织建设和组织教育过程中,"阵地意识"一定要强,要能主动在不同生活领域建立对少年儿童发展有利的各种阵地。除去必要的一部分必须投入大量人财物才得以"建"起来的实体空间阵地,最为重要的是能活化现有各种社会资源为阵地场域,以"融通"的整体格局思路积极建立起"阵地"与社会其他各种资源之间的目标性联系,保持彼此之间的经常性互动和目标的一致性,充分整合与利用各种资源所具有的教育辅助功能或直接的教育功能,使少年儿童在各种日常生活场景中都能充分感受到来自社会各领域、各场景的关注、关心、尊重与认可,使社会上现有资源成为不竭的阵地资源源泉。

(五) 以服务学习理念推进少年儿童日常化阵地实践活动

最有力量的教育一定是真实的教育。真实的教育就是紧密结合日常生活世界进行的教育,是能够使少年儿童在自己日常所看、所感、所触、所参与中体悟知识、情感、行动意义的教育。在这个求知、交往、思考过程中,少年儿童需要亲历,需要身临其境,而不是模拟或旁观。在少先队员问卷调查中,一位来自上海 W 小学五年级的大队长提出自己对校外阵地活动的开展建议,她说:"对于稿子的内容或者活动策划里的内容不要有太多虚伪的东西,我们所需要的是真实。"

在校外阵地活动中,由于活动本质上是社会性教育,因此如能以服务学习为理念指导,保证少年儿童在真正深度参与社会生活中进行学习并得到实质锻炼。简要来说,服务学习是"圆满完成兼顾了满足人类真正需求和有意识教育成长双重目标的实践任务"①的一种创新性教育理念与促进青少年成长的教育方式,它在"社区行动"和"学习"两个复杂概念之间架起桥梁,强调社会参与和在行动中学习,注重教育服务于社会需要。也就是说,这一理念强调将少年儿童学习的场所由课堂、教室拓展到社会,而且这种学习活动一定要借助于社会服务活动的参与,让学生在真实的情境中应用所学的新知识与新技能,进行社会文化体验并获得社会道德品质发展,进而培养起社会高度责任感和出色领导力。服务学习所表现出来的目的性、参与性、针对性、互动性、互惠性、实践性、反思性都很强。当前,服务学习不仅在国外已成为一种促进不同年龄阶段或学段的少年儿童与青年发展的实践模式,在我国也有很多学者在探讨这种新型教育模式,并且在实践领域也有许多学校教育机构在实施与推进,特别是在把其"作为社工带动青年志愿服务儿童的新模式"②方面具有了广泛的影响。图 5-1能够反映服务学习理念指导下的少年儿童组织教育和服务以及社会之间的关系。

图 5-1　少年儿童校外阵地活动服务学习三边关系图

① ［美］Timothy K.Stanton, Dwight E.Giles, Jr., Nadinne L.Cruz《服务学习:先驱们对起源、实践与未来的反思》,童小军等译,知识产权出版社 2013 年版,第 3 页。
② 彭华民:《服务学习:社工督导志愿服务新模式》,中国人民大学出版社 2012 年版,前言。

可以看出,借助于服务学习,少年儿童在组织的鼓励下进行社会活动参与和体验学习,并在为社会服务中亲身实践与历练,对经历的各种事情进行反思,进而达到与社会的更充分理解与适应,甚至主动去解决社会生活中面临的实际问题。少年儿童组织能通过这种方式教育少年儿童,从根本上讲在于其教育目标与社会所要求的人才目标是一致的,即都是努力培养我国社会建设与发展所需要的"社会主义建设者和接班人"。

在我国,就少先队组织教育而言,无论是校内还是校外的教育,活动都是最经常、最有效的形式。就少年儿童身心发展特征而言,活动也是训练思维、建立价值观念、发展多元能力、健全社会人格的有效教育形式。活动的本质在于深度社会参与,不是旁观或模拟,也不是被动机械行动。在欧美国家,针对少年儿童工作的开展,很少组织全国范围的大规模的群众运动式活动,甚至社会公益性活动也不是主体,而是进行大量的日常"活动"。为此,回归生活世界,面向所有儿童提供真实的活动参与,促使少年儿童在真实的服务学习中成长是校外阵地特别需要重视和加强建设的。

为此,第一要切实面向全体少年儿童,设计和开展生活化的组织活动。活动的对象必须是全体儿童,这与少年儿童组织教育宗旨相吻合,实现全员、全方位、全过程育人。另外,作为6—14岁的人员群体,少年儿童参与的校外阵地活动本身就应该定位于日常自然生活的延续和升华,是建立在自然生活基础上逐步过渡到社会生活的过程。生活性与神圣性、活泼感与庄严感、儿童性和政治性相结合才符合这一阶段少年儿童的身心发展规律和活动开展规律。要真正做到"问需于童、问技于童、问趣于童",切实关注少年儿童这一主体,丰富活动形式、创新活动载体、以日常化教育活动吸引广大儿童，达到润物无声、惠智无痕的教育效果。在少先队员问卷调查中，来自北京市 C 小学六年级大队长认为"可多举办一些北京市区外的地方的活动"，来自河北秦皇岛一所乡村学校的五年级小队员也提出"多带我们去更多的地方"。这是孩子们的自然心声，也反映了少年儿童的一般需要，如何不断满足这些需要正是教育应该做的事。第二是要能积极挖掘阵地特色和可能，围绕少年儿童发展构建常态化的系列组织活动。校外阵地一般具有较强的地域特征和活动弹性，因而需要结合时代发展需要和地域发展特色，挖掘整合可教育的因素，开展特色活动，并通过特色活动的常态化开展，最终形成阵地特色，保持阵地的活力和对少年儿童的影响力。第三还要有意识开发和灵活运用多种活动形式，集体活动和个体活动相结合，学习体验和志愿服务相结合，参与性活动与创造性活动相结合，游戏活动和社会调查相结合等，在充分发挥不同少年儿童的不同专长、兴趣特点和性格特征等的同时，也扎扎实实通过各种服务和帮助来满足不同儿童的不同发展需求。

第六章
我国少年儿童校外阵地活动代表性案例与评析

少年宫阵地活动案例

"扬文化风帆,快乐启航"游戏节活动

（湖州市少年宫　撰稿人:郝赟斐）

一、活动的组织背景

在特定的政治背景下,保护地方传统文化有其必然性。中华优秀传统文化是党的十八大以来习近平总书记治国理念的重要来源之一。中华传统文化中的崇尚道德、重视智慧、强调文化艺术修养、注重人文素质的培育等思想,有利于新时期人的思想素质的提高,应当认真地加以弘扬。基于这点,作为教育部门更应该重视中华优秀传统文化的传承和发展,地方传统文化自然也成了发展和保护的对象。

在湖州历史文化背景下,保护地方传统文化有其紧迫性。湖州是

一座具有二千多年历史的江南古城,是中国蚕丝文化、茶叶文化、湖笔文化的发祥地之一。伴随着吴越文化的传播、交流和融合而逐步形成了一种以农业经济为基础,以丝绸业为支柱,以湖笔文化为核心的"天堂中央"文化。然而,湖城青少年儿童对此并不熟悉,对湖州地方传统文化知之甚少。因此,加强湖城青少年儿童地方传统文化的教育刻不容缓。游戏是青少年儿童都喜闻乐见的活动方式,因此将传统文化教育融入快乐的游戏活动中,能够让青少年儿童更易于接受地方传统文化的教育,达到在弘扬地方传统文化的同时培养青少年儿童的核心素养,进一步增进他们爱家乡、爱祖国的高尚情感的目的。

二、活动的设计理念与目标

设计理念。坚持以培养青少年儿童核心素养为本,以地方传统文化为特色,交叉融合多学科知识,倡导快乐体验式学习,在富有趣味性游戏体验的同时,树立高尚的爱国情怀,加深青少年儿童对地方传统文化的兴趣爱好,增强他们的责任心和使命感。

活动目标。一是为大力继承和发扬地方传统文化提供保障:为切实加强社会主义道德和精神文明建设,积极践行社会主义核心价值观,努力传承中华民族传统优秀文化,深入挖掘其中蕴含的思想观念、人文精神、道德规范等,通过各种游戏娱乐项目引导青少年儿童树立正确的人生观、价值观和世界观以及独特的审美意识和人文精神,加深对地方文化的理解,培养爱祖国、爱家乡、爱文化、积极向上、自强不息的高尚情怀。二是为努力提升青少年儿童的核心素养奠定基础:一方面,地方特色文化和快乐的游戏项目相融合,使参与者通过各类游戏项目对相关的文化有所认识,让文化变得快乐起来,让游戏更有文化内涵,从而达到寓教于乐的目的;另一方面,游戏项目中除了融入文学、科技、书画、戏曲、体育、劳技等学科,使青少年儿童在认知理解、科学探索、艺术审美、综合体验、实践操作等能力得以有效地提升之外,还将平安自护、生态环境保护、"一带一路"等热点融入其中,为努力提升他们的核心素养奠定基础。三是为充分发挥青少年儿童自主能动性创造条件:参与活动的青少年儿童会根据自己的意愿主动寻找自己喜欢的游戏项目,并参与其中。由于内在动机的驱动,让他们从"要我学"变成"我要学",由被动变主动,配以奖励,让他们迫不及待地在相关理论知识的指引下,积极主动参与到实践操作中去,为充分发挥自主能动性创造有利的条件。

三、活动的时间和参与人员

2018 年 5 月 26 日至 27 日。在湖州市中心爱山广场内湖颖桥旁每天分三场进行此次游戏节活动。参与人员主要是来自湖州市三县两区的 6—18 岁的青少年儿童。

四、活动过程概述

(一) 前期活动准备

包括:联系场地,设计布置;整合文化局、博物馆、群艺馆等部门,整合各部门资源,落实游戏项目。做好志愿者招募,落实安保、后勤、医疗等人员。通过少年宫、文化局、博物馆、群艺馆等各相关单位部门的微信公众号、网站、电子屏、宣传单、赠券、新闻媒体等媒介做好宣传工作,吸引湖城青少年儿童积极参加。关注天气,注意调整。

（二）现场活动过程

1. 布置场地,安放器材。工作人员搭建 18 个帐篷,并在帐篷内安放好各种游戏器材,为游戏活动做好充分准备。

2. 人员到位,排查隐患。志愿者着装完毕后,到各自游戏项目处熟悉游戏规则,掌握器材正确使用方法,准备好文化印章。安保、医疗、后勤人员到位;活动负责人巡查,注意查漏补缺,排出安全隐患,以确保活动顺利开展。

3. 播放音乐,活动开始。活动开始前,播放节奏鲜明、激情澎湃的儿童音乐,主持人宣布活动开始。负责人开始巡视,拍摄活动精彩瞬间,便于发布报道,总结反思。

4. 自主游戏,集章换礼。"航空登陆"游戏导入:参与者到"领券处"领取传统文化宣传资料,并折纸飞机飞向印有"湖州机场"的标靶内。凡中标者领取湖笔形状并可以用作书签的游戏活动券一张,即可免费参加所有游戏项目。之后根据意愿,自主游戏,收集印章:参与活动的青少年儿童可以根据自己的意愿参与各种游戏项目,完成各项任务之后即可获得相应的文化印章。具体游戏项目的进行:

● 茶文化类游戏:(1)品辨三茶:通过闻气味、尝味道辨别湖州三茶(甜茶、熏豆茶和清茶),并说出茶名和用茶顺序。充分调动嗅觉、味觉等感官系统,提高参与者兴趣,深入了解湖州三茶的含义。(2)妙杯生花:用彩笔在上一个环节喝剩的一次性纸杯上画上茶花或茶叶。通过画茶花或茶叶,能加深对茶树的认知;在品茗后的纸杯上作画,可以减少材料的浪费,又可以作为一件艺术品而保存收藏,充分体现了生态环保的意识。(3)戏读茶经:用唱戏或唱歌的腔调诵读关于陆羽或茶经诗词。"戏读"充分体现了游戏的娱乐性,提高了参与者兴趣,同时也增长了古诗词知识,是理解茶文化的重要补充。

● 笔文化类游戏:(4)能言善道:观看 iPad 上湖笔制作的视频,现场答题。让参与者深切地感受到湖笔制作看似简单,实则繁琐,培养他们爱家乡的高尚情怀,简单的知识问答为下一步制作湖笔环节做好铺垫。(5)能工巧匠:邀请善琏制笔工匠现场示范,简单制作湖笔笔头。现场演示工艺流程让参与者更直观、清晰地看到传统制笔手艺,让他们切身体会到湖笔民间工艺的高深造诣,培养独特的审美意识,深刻感受湖笔文化的博大精深。由于湖笔制作流程相对复杂,场地和时间有限,因此只保留制作笔头环节,留下悬念以促进探究性学习。(6)落笔成书:蒙上眼睛用毛笔书写"湖州"二字即可。书写"湖州"旨在增加书法知识的同时,进一步培养爱家乡情怀;蒙上眼睛更是为了增加游戏趣味性,提高参与度。

● 丝文化类游戏:(7)化茧成蝶:将参与者的手脚分别捆绑好,在 5 分钟内跳到 3 米之外的桌上取走蚕蛾模具并放回起点处的盒中,然后松绑自救即可。捆绑手脚的方式让参与者了解蚕蛾在茧缚中的感受,体会到蚕丝的来之不易;跳跃式的体育运动满足了青少年儿童好动的需求;松绑自救能锻炼求生技能,提高青少年平安自护意识,使其综合能力得以提升。(8)盲人摸蚕:观察蚕的四种形态模型,然后蒙上眼睛摸,说出摸到的是哪一种形态,答对即可。一方面调动感官掌握到基本的科学知识,另一方面通过认识蚕的形态进一步了解丝文化的来源,为认识丝文化奠定基础。(9)丝绸之路:请参与者在 4 米×4 米的"丝绸之路"地图上用投骰子的方式进行真人走棋,走完"丝绸之路"到达终点即可。棋盘是根据湖州丝绸之路设计而成,分水陆两条线,这是自然地将时事热点融入游戏之中,在凸显湖州丝绸文化的同时,将"一带一路"

的思想扎根于青少年儿童的心中。同时,真人走棋式更增添了趣味性,提高参与热情。

● 鱼文化类游戏:(10)心有灵犀:两人合作,一人看鱼的图片描述,另一人猜名称,猜中三张图片即可。这是由两人合作完成的环节,能增进情感交流,增加对鱼的认知。(11)小猫钓鱼:抽取钓鱼任务卡,在规定时间内把任务卡上相应的鱼钓上来即可。钓鱼任务卡的设置除了能增加参与者对鱼的认知,还能增强他们的责任心,培养耐心和专注力。

● 桥文化类游戏:(12)搭建廊桥:用20根左右的方形小木棍不用任何粘贴工具搭建廊桥,30秒不倒即可。设计这项要求较高的手工操作项目,目的是不仅要让参与者了解廊桥的结构,还要提高他们的动手能力,只有通过亲自搭建,才能体会造桥工人的艰辛,领悟桥文化的内涵。(13)彩绘心桥:用彩色水笔在便利贴上画出心目中的桥,然后粘贴到大喷绘上展示。这是游戏与绘画专业的融合,通过画桥来展示参与者对桥文化的理解,培养他们的创新能力,树立自信。

● 戏文化类游戏:(14)戏服DIY:根据湖州市民形象或湖剧人物造型,为卡通公仔自制DIY衣裤。该环节旨在提高参与者细致的观察力和灵活的动手能力,培养独特的审美意识,为努力传承湖州传统戏文化奠定基础。(15)爱记戏词:看iPad上播放的湖剧选段,记住其中一句戏词并唱出即可。游戏与音乐的融合使参与者在提升音乐素养的同时,进一步了解和传承湖剧文化。

当参与者集满12个文化印章即可到领奖处换取"湖州文化小使者"证书一张和纪念品一份;游戏活动券则作为书签自行保存留念。由于参与者年龄、地区、能力等方面存在差异,因此,设计的十五个游戏项目有易有难,并且"只要完成12个游戏项目即可领取奖励"的任务目标使参与者会更有信心参与活动,达到寓教于乐的目的;证书和纪念品更能调动积极性,增强荣誉感,对培养高度的责任心和使命感起到潜移默化的作用。

5. 合影留念,宣布结束。主持人宣布活动结束,参与者可以拿着奖状和纪念品自发到摄影区拍照留念。一方面是对活动的宣传,强化湖州市民对湖州传统文化的认知度,另一方面也是满足青少年儿童的成就感,树立自信,为核心素养的提升创造条件。

6. 清理场地,发布报道。联系搬运,收拾器材和帐篷,清理场地,并通过各大媒体、微信公众号、网站等发布活动报道,总结反思。

五、组织者的反思

本次活动中的三个"两融合"彰显了活动的意义,有利于青少年综合素质的培养,使青少年的主体作用得以发挥。具体来说,包括以下几点:一是文化游戏两融合,教育娱乐两不误。将地方特色文化融入快乐的游戏项目中,使参与者通过各类游戏项目对相关的文化有所认识,让文化变得快乐起来,让游戏变得更加富有文化内涵,从而达到寓教于乐的目的,让他们在快乐中健康地成长。二是学科热点两融合,核心素养有提升。在游戏项目中除了融入文学、科技、书画、戏曲、体育、劳技等学科,使青少年儿童在认知理解、科学探索、艺术审美、综合体验、实践操作等能力得以有效地提升之外,还将平安自护、生态环境保护、"一带一路"等热点融入其中,为努力培养他们的核心素养奠定基础。三是理论实践两融合,主体作用得发挥。游戏中会把理论知识和实践操作有机结合,让参与者在学会理论知识的指引下,积极主动参与到实践操作中去,从而达到自主学习的目的。例如:在笔文化游戏中,参与者首先会看到制笔工艺流程的视频,然后进行知识问答环节,加上制笔工匠的现场演示,让游戏参与者迫不及待地想要参与到制笔环节中,去亲自体验制笔的乐趣,让他们深刻了解到湖笔文化的博大精深,充分发挥他们的主体能动性,为湖州传统文化的学习积累实践经验。

不过,在活动中也发现,虽然参与活动的青少年儿童会根据自己的意愿主动寻找自己喜欢的游戏项目,但是对于部分年龄较小的儿童存在畏惧心理,不敢参与,并且对于湖州地方传统文化缺少认知,因此,需要志愿者和相关工作人员主动接近,积极介绍,让参与者了解相关知识的基础上鼓励他们参与其中,从而达到预期的教育目的。

◆ 专家点评 ◆

这是一个由少年宫组织的比较典型的公益阵地活动。此活动将传统文化教育融入快乐的游戏活动中,将地方传统文化与爱国主义教育相结合,精心设计活动内容和活动环节,取得了很好的活动效果。这一阵地活动具有以下优点和特色:

活动理念合理,活动目标明确。从活动理念表述以及活动过程可以看出活动把儿童的需要和权利放在非常重要位置,以儿童为本,活动开展过程中十分尊重儿童的权利并尽最大满足儿童主体性的发挥。此活动还积极把儿童兴趣、爱好以及责任心和使命感等结合在一起,以阵地活动为载体,在儿童充分发挥个人主动性同时更加热爱地方传统文化,并推动儿童从热爱地方传统文化上升到爱国主义情感,这种实践的、潜移默化的教育影响是非常值得提倡的。此活动所设计的具体活动目标整体来看具有清晰的层次性和逻辑性,先从对少年儿童情感、态度和价值观方面进行论述,再从少年儿童具体的核心素养方面展开,最后把具体目标锁定在少年儿童的自主能动性方面,目标设计合理并具有可操作性。

活动环节设计紧凑,活动内容丰富多彩。此次活动规模大,项目多,但整体环节设计非常紧凑、完整和有序。活动内容也是丰富多彩,特别是从本地传统文化出发,设计了茶文化类游戏、笔文化类游戏、丝文化类游戏、鱼文化类游戏、桥文化类游戏、戏文化类游戏等丰富多彩的项目且每一个项目又都包含更加生动有趣的具体内容,符合儿童的天性和身心发展需求。此次活动是少年宫与博物馆、艺术馆等校外公益阵地的合作活动,共同承担了为少年儿童发展服务的功能,充分体现了多方合力的积极教育作用和良好协作的重要性。

诚如组织者自我总结的那样,此次活动若能对参与活动的儿童进行一些项目限定或分类,尤其是在年龄的分层上多加一些考虑,可能活动效果更加圆满。

社会公益机构阵地活动案例

"畅游自然博物馆,锻炼自我,感受别样青海"活动

(青海师范大学附属第二中学　　撰稿人:李建芳)[1]

一、活动的组织背景

党的十九大报告提出:"要全面贯彻党的教育方针,落实立德树人

---

[1]　说明:青海师范大学附属第二中学为一所十二年一贯制学校。李建芳老师担任着小学学段的大队辅导员。

根本任务,发展素质教育,推进教育公平,培养德智体美全面发展的社会主义建设者和接班人。"这是改革开放以来始终坚持党的领导、牢牢把握社会主义办学方向的总体要求,需要我们结合新时代的新要求,全面系统、创造性地落到实处。立德树人,就要把握好素质教育时代特征,重点抓好实习实践活动的成效,以知促行、以行促知,学以致用。为此,青海师范大学附属第二中学结合当地资源,与青藏高原自然博物馆联合开展此次畅游参观活动,通过少先队员做小讲解员深度促进其发展。

二、活动的设计理念与目标

1. 通过学生自己做小小讲解员,把"听讲解员讲"变成"听同伴讲",提高了学生参观学习的兴趣和效果,锻炼了学生的语言表达、接待礼仪等方面的能力。

2. 学生小讲解员先讲,博物馆讲解员补充讲解,同时针对讲解中出现的问题,以鼓励的方式,对学生在讲解中出现的问题进行指导和示范,这一参观方式,使所有的学生受益,而这种从听同伴讲解到听讲解员讲到看讲解员的示范的参观学习方式使所有的学生对讲解员这一职业有了更多了解。

3. 每一名学生就像一个天使,用他们的热情,自豪地向全国,乃至全世界的来客介绍自己的家乡,介绍青海,介绍祖国的文化,努力学习,从了解家乡——热爱家乡到建设自己的家乡,激发每一名学生学习热情,为加快各方面的建设,作出自己的一份贡献。

三、活动的时间和参与人员

2018 年 3 月 14 日下午 1:00—6:00 时。

青海师范大学附属第二中学小学学段五年级三个中队队员计 176 人;带队辅导员老师;青藏高原自然博物馆讲解员。

四、活动过程概述

(一) 活动前的准备

安全出行要求:活动期间一切行动听指挥,不能擅自离队,独自行动;过马路要严格遵守交通规则,排好队依次上下车,不拥挤,不打闹,发扬谦让精神;乘车途中不能将手、头伸出车窗外,车内不大声喧哗。

文明参观的要求:学校组织学生外出开展活动,学生就是宣传学校的一张名片,学生的一言一行都反映着学校教育的各个方面,所以中队辅导员利用班会课对队员进行文明礼仪教育,向队员们提出如下要求:参观全体队员统一穿校服,佩戴红领巾,不带任何零食,全体队员带笔和笔记本,在参观时进行必要的记录;有序参观,不大声喧哗,不拥挤、不追逐、不打闹,中队之间、小组之间、同学之间要做到互帮互助,团结友爱;展品不能乱摸,拍照不使用闪光灯。

讲解员培训:提前一周同博物馆的相关人员沟通,拿到博物馆完整的讲解稿;分配讲解词,博物馆的讲解词很多,把讲解词分成若干个部分,结合队员的学习能力,分配给不同的人,这样整个博物馆的讲解员将会有好几个,甚至是十几个;承担讲解的队员,不仅要背熟讲解稿,更要把讲解稿转化成得体的语言表达出来,配以适当的手势,讲解时言谈举止端庄大方;人员分配。把所有学生分成6个小组,每组人数25—30人,每个小组是一个相对独立的集体,对整个场馆做完整的讲解,几乎每一名学生都是讲解员,承担着自己的讲解任务;每5名小讲解员准备一部便携式小话筒。

参观前的知识准备:提前查阅,多渠道收集资料,了解以下知识——丹霞地貌;青藏高原的隆起;青海的盐湖;三江源;生活在青藏高原上的主要动物;高原冰川;青海的矿产资源等。

(二) 参观过程

首先,董延睿同学向全体参观的同学介绍博物馆的概况。比如,青藏高原自然博物馆的占地面积,主场馆总建筑面积,每天可接待的参观者,介绍青藏高原自然博物馆在国内博物馆中所处的地位,它的建成使用填补了我国乃至世界上全方位介绍青藏高原自然生态内容的空白,以及它在对外宣传青海中所起的作用等知识。同时,董延睿同学简单介绍博物馆内所设的展厅,通过介绍使同学们知道了博物馆里共有24个展现青藏高原地质地貌和野生动植物为主的展厅,以及展厅设计的理念等相关的知识,使参观的同学对博物馆有个宏观上的认识。

其次,各小组按照各自不同的路线进行有序参观,各展厅的小讲解员做好讲解准备。以第一小组为例,第一小组共26名队员,有19名小讲解员承担着19个展厅的讲解任务,从第一个展厅"立体沙盘"开始,到冰川冻土、雅丹和丹霞地貌、石油展厅、矿石展厅、湖泊湿地、青海湖展厅到最后的"青海代表性植物"展厅,小讲解员们在看到博物馆里的实物后,以最快的速度,用自己的理解,将书面讲解词转化成自己的语言表达出来。在讲解过程中,每一名小讲解员都是那么努力地展示着自己,使在场参观的队员们不断报以掌声给予鼓励,在这个过程中,展示出了同学之间的鼓励、包容和友爱,使我感到万分的欣慰。

最后,参观活动结束后,博物馆里的讲解员老师对小讲解员们的表现进行了表扬、肯定和鼓励,同时,针对讲解中出现的较普遍的问题,进行了示范讲解,因为有了亲身讲解的经历,同学们在听讲解员老师讲有关讲解的知识时,听得格外认真,同学们对讲解员老师真是佩服得五体投地,他们抢着跟讲解员老师合影,那一刻我感到作为一名少先队辅导员的幸福。

(三) 活动后的延伸与拓展

活动结束后,及时开展参观后的成果汇报,以拓展博物馆内学到的知识,聆听不同角度,不同方位的思考和发现,拓展学习视野。具体做法:第一,撰写观后感。第二,开展中队活动课。

五、组织者的反思

总的来看,这次与博物馆联合开展的少先队校外阵地活动,丰富了队员们的学习生活,近距离地接触和体验家乡文化,了解青藏高原自然生态和地理地貌,了解青藏高原及青海的地形特征及分布状况,了解青藏高原的形成,深切感受大陆漂移、古海退却、山峦隆起、万物竞生的青藏高原力量;了解家乡丰富的物产资源;感受大美青海的变化和发展,在一定程度上激发了队员们爱家乡、爱祖国、爱自然的情感。

不过,活动过程中分配讲解词有利有弊。利在于:第一,将篇幅很长的讲解词分解给多名学生来讲解,很大程度上,锻炼了更多学生在讲解方面的能力;第二,较之博物馆里的讲解员,学生讲解因为每人讲解的内容相对较少,加上学生准备充分,会讲得更加翔实,更加贴近小学生的生活。它的弊端在于:第一,学生前期的讲解准备是在没有见到实物的情况下训练的,当他在博物馆看到实物时,以最快的速度将讲解词和实物以自己的理解方式结合起来,向同学们进行讲解,这种速成的讲解方式,较之专业的讲解员讲解,有很多不足;第二,这种讲解方式可能把一个相对完整的整体,分成了若干个相对独立的个体,可能会影响到参观者对整体的把握和理解。以后努力探索更加合理的分配方式和方法。

布置讲解活动任务

小队员介绍博物馆概况

小队员讲解青海野生动物

与博物馆讲解员互动学习

◆ 专家点评 ◆

这是一个由学校组织的比较典型的社会公益机构阵地活动。青海师范大学附属第二中学联合青藏高原自然博物馆开展此次活动,通过少先队员做小讲解员的方式来深度促进队员的全面发展。活动准备和具体环节安排紧凑,重视少年儿童参与与实践能力的培养,取得了好的活动效果。具体来说,这一阵地活动的特点就是:

活动设计体现"以儿童为本"的理念,注重儿童实践能力和责任意识的培养。此次活动所设计的三个活动目标体现了以儿童为本的理念,在具体的活动中引发队员参与的热情,注意提高活动中的兴趣并积极通过同伴的榜样作用影响其他队员,进而提高参与积极性。此次活动还特别注重队员实践能力和责任意识的培养,通过让队员当讲解员的实践活动,激发其热爱自己的家乡,并在此基础上萌生家乡建设的责任感。

　　注重培养儿童参观和学习兴趣,重视儿童参与与体验。此次活动的活动前准备、活动过程、活动后总结和反思等方面的设计比较合理,且每一个环节都包含比较丰富的内容。活动前准备中,在安全出行、文明参观、讲解员培训和参观前的知识准备等方面进行了比较翔实的安排,并对参观中可能出现的问题提前做好预防和应对。在具体活动过程中,注意队员与讲解员的配合,并及时调节队员在讲解过程中遇到的一些问题,队员的讲解最终呈现了比较好的状态和水平,也提高了其他队员参与活动和参观学习的兴趣。

　　这次活动若能在活动目标设计的层次性和逻辑性上进一步加强,特别是有意识加强活动与少年儿童的知识、能力以及情感态度价值观等的充分结合,并注意增加本土文化和爱国情感的深度结合,则会达到更佳的活动教育效果。

高校学科阵地活动案例

"了解生物,爱护自然,助力环境治理"小手拉大手活动

（河北大学教育学院　撰稿人:薛国凤　郭铭鉴）

一、活动的组织背景

　　2014 年,河北大学教育学院少年儿童组织与思想意识教育硕士学科点开始正式招生,培养专门服务于我国少年儿童组织事业建设和发

展的专门高级人才。在学科建设过程中,根据我国少先队工作的特点和学科发展指向,学科点坚持理论与实践相结合的发展路线,本着把理论应用于实践的基本目的,以阵地意识主动拉近高校学科与中小学少先队组织日常工作的距离,并命名学科阵地为"动之·毓秀阵地"。

2018年初,河北团省委与少工委针对省内中小学提出了开展"小手拉大手,红领巾助力环境治理保卫战"的活动号召。基于本学科团队阵地属性的考虑和作用的发挥,本学科团队积极对此次活动进行响应,创新性地在高校开展了这次小手拉大手活动。

二、活动的设计理念与目标

此次活动坚持以人为本的基本教育理念,以"参与、体验、行动"为活动的核心理念,以理论指导实践作为活动设计的基本原则,通过主动发挥阵地的服务作用达成预期的教育效果。

此次活动意在通过参观身边的博物馆和花园植物,深入了解动植物有关知识,使少先队员在活动过程中更加充分具体地感受大自然的神秘与可爱,在掌握科学知识的基础上更加热爱身边的环境并增强保护环境的意识,同时能够在生活中主动地做出保护环境的行为,并通过队员自己的行动带动身边的家长、老师等共同参与到环境治理行动之中,形成人人爱环境,人人保护环境的意识和行为。

三、活动的时间和参与人员

2018年5月12日和6月10日。由于活动中间设计了为期一个月的手绘本——"行动变图画"行动,故活动分为两个时间段进行,但衔接紧密。活动的参加人员主要为保定市区九所小学的 35 名少先队员、5 位辅导员老师和 5 位家长志愿者,以及河北大学少年儿童组织与思想意识教育学科团队成员和本科生志愿者。

四、活动过程概述

(一) 第一时间段的活动

活动开场。组织者欢迎并感谢来自九所小学的少先队员、辅导员与家长们的积极参与。对活动流程和注意事项进行说明。

参观博物馆,了解生活世界中的生物。在博物馆志愿讲解员带领下,少先队员们有序进入博物馆参观。在动物系统学、水生动物、蛛形动物、昆虫文化等展厅,队员们看到了各种各样的动物标本,有时惊奇,有时赞叹,有时驻足展台细细观看,有时围在一起悄声讨论,再加上讲解员生动的讲解和亲和的互动,少先队员们兴趣盎然地了解到很多生物科学方面的知识。

绘布作画,升华爱护环境情感。绘画主题为"我喜爱的动物和植物",小队员在一张六米长的画布上,以自己喜欢的方式绘画自己心中喜爱的动物与植物,抒发着爱护和保护环境的信念。辅导员老师、家长和志愿者们也纷纷行动起来,和孩子一起携手完成创作。

发放手绘本,为环境治理而行动。为了让此次活动有更好的延续性和行动力,让少先队员真正理解生活中环境保护的意义并做出切实行动,组织者创意和制作了行动手绘本。在未来的一个月中,少先队员们需要和家长、辅导员老师一起将生活中保护环境的所作、所为、所感以绘画的形式在手绘本上展示出来。

（二）　第二时间段的活动

手绘本展览、颁奖和发表感言。手绘本提前在颁奖场地展出，每一位到达现场的小队员都不由自主地先走向绘本展区，一边翻看欣赏一边讨论这是谁的作品、画得怎么样等。家长也和孩子们一起欣赏讨论交流。之后组织者为每一位获奖队员颁发了奖状和礼品，并祝贺小队员们用自己的行动获得了奖励，受到鼓励的小队员们非常高兴。活动还邀请了高年级、低年级、家长代表、志愿者代表发表活动感言，进一步提升活动参与者对环境治理的理解和环境保护行动的意义。

河大毓秀园探访，了解身边的植物世界，同时寻找携带神秘礼物的"神秘人"。组织者邀请到生命科学学院志愿者带领小队员和家长们漫步花园，进行植物讲解，使小队员们对自己身边的现实植物有了更直观、深刻的认识和了解。在探访现实植物世界同时要求小队员寻找携带着神秘礼物的"神秘人"。当小队员们在花园往来的人流中通过特殊接头暗号终于找到"神秘人"的那一刻，都兴奋地跳了起来。"神秘人"为每位小队员发放了神秘礼物：一枚独特的环保胸章！最后组织者表达了对小队员们的鼓励和期待，活动在欢快和意犹未尽的氛围中结束。

五、组织者反思

此次活动充分尊重了少先队员在活动中的主体性，注意了活动趣味性的设计。队员们在两个时间段的活动中一直保持浓厚的兴趣。博物馆参观过程中跟着讲解员大哥哥认真倾听和交流；在绘布上集体主题作画环节每个队员都积极参与并且绘画作品各具特色、充满童趣，家长也能够主动参与到绘画中，小手拉大手得到彰显。在第二个活动时间段回收的 25 本手绘本中，很多小队员都认真实施了环境保护行动并在作品上体现，有的明显可以看出有家长参与其中的行动，实现了小手拉大手的活动目的。在河北大学花园植物世界探访活动和寻找神秘人活动中，小队员们的积极性也非常高，特别是神秘礼物——环保章的出现掀起一个活动小高潮，孩子们更加体会到活动参与的喜悦和收获。总的来说，此次活动节奏合理、有条不紊、安排紧凑，也获得了少先队员、辅导员和家长的一致好评。不过本次活动由于经费不足、博物馆可容纳人员较少，活动的辐射范围较小。在这方面，拟通过未来持续开展阵地活动扩大受众面并保持阵地的活力和教育影响力。

"小手拉大手"活动从策划到圆满结束，历时四个月。总的来看，通过学科团队师生、小队员、辅导员老师和家长们的齐心协力，孩子们更多了解了身边的博物馆和身边的植物，增强了对家乡文化的了解以及增强保护家乡环境的意识与行动能力。另外，通过这次创造的感悟大自然神奇与奥秘的机会，也丰富了孩子们有关动植物的自然科学知识，鼓励了孩子们在生活中积极开展绿色环保行动，在激发和深化少先队员热爱自然、保护环境的意识和情感方面做出了努力。此次活动也促使学校辅导员、家长和高校热心于少年儿童组织教育的人士携起手来，与少先队员一起增进环境保护意识和环境治理行动。这次活动也推动了少年儿童组织与思想意识教育学科团队理论和实践相结合理念的落实，开启了学科阵地作用发挥之篇章。

参观博物馆

集体绘布作画

发放手绘本

手绘本展出与交流学习

发放神秘礼物"环保章"

◆ 专家点评 ◆

这是一个高校学术型团队主动形成少年儿童组织阵地意识并积极开展少年儿童组织教育活动的典型案例。整体来看,这一活动案例有四个亮点:

一是亮在活动的策划者和组织者。作为团中央自主设立的少年儿童组织与思想意识教育高校学科点,该团队不仅秉持学术理念进行发展,更主动与少先队组织发展和少先队员发展实践紧密结合,主动打造"阵地"意识并以高度的"阵地"意识促进学科理论成果在实践中的转化,实现了学科实践活动"阵地化"。这不仅体现了"专业的人做专业的事"的情怀,更体现了在少先队员发展中的一种责任担当。少先队的校外教育活动开展需要依靠全社会的力量,该学科团队本着"善育少年,动之徐生"的理念从一开始起步就能以主动的意识、积极的行动开展少先队员校外教育活动,做到了知行合一,理论与实践相结合。

二是亮在活动的过程设计。两个阶段的活动关注少先队员热爱自然、保护环境的道德养成与热爱自己家乡的政治启蒙内容,凸显活动的少先队组织教育意义。每一具体活动环环相扣,整体感很强,形成一个从感知到体验到行动再到反思的促进少先队员发展的链条。特别是在"行动变图画"这一很具有亮点的活动设计,不仅要求队员身体力行,落实活动理念,更为小队员认真去发现与反思身边生活之事提供了动力,为做出环境保护行为提供了心理支点。从小队员们最终提交的手绘本来看,确实也起到了这样的作用,而且小队员们把所做、所感、所思以手绘图画的艺术形式呈现出来,也无形中在艺术审美和能力锻炼方面得到促进。这是真正融环境理念与日常行动于一体,融生活教育与艺术教育于一体的、有意义的少年儿童组织教育活动。

三是亮在活动对队员参与及其对家长、辅导员等成人力量的合力促动。不仅在活动主题名称上响应与贯彻了团省委和少工委号召,在活动开展过程中也充分体现了这一理念。在前后两个阶段中,队员所在的每一所学校的辅导员都有带队参加或指导,家长志愿者、来自不同专业的高校本科生志愿者、博物馆工作人员以及活动现场其他非活动方工作人员等都以热情的态度、专业的知识与友善的精神积极协助活动开展,特别是在"行动变图画"环节,充分展现出这次活动所指向的助推队员爱护环境的自主活动要求,在队员要落实的这一日常活动的带动下,绝大多数家长们都能主动带领孩子去践行爱护环境的行动,或引导孩子的随处可见、随处可遇的日常生活场景中寻找助力环境治理的"点",并以做出新行为、改善旧行为等积极行动方式加以落实。在行动变图画的活动反思环节,每一所学校的辅导员以及每一位队员的家长都对队员和孩子的行为与行动做了沟通与反思,也引导队员和孩子对整体活动的意义与收获进行了反思。

四是亮在把日常助力环境治理的行动与艺术素养的提升紧密结合在一起。这次活动的两个环节都融入了美术绘画这一艺术形式,但同时又保持着队员创作过程中的回归生活世界以及个人的开放性特点,这是一种在"人与自然、社会"关系这一背景主题下,内隐着队员对现实世界观察与理解的艺术形式表达。事实证明,小队员们非常喜爱这两个阶段的活动,绘布上的创作,还是手绘本中的创作,都充满着童真与童趣,也反映着队员对环境保护以及这个世界的理解。

总的来看,这一活动案例基于少先队员成长与发展需要,每一个环节都考虑到小学阶段少年儿童身心发展特点,并据此来设计和组织活动,取得了非常好的阵地活动效果。

多方协作融合性阵地活动案例

增强自信,携手前进

—— 外来务工人员子女"自信心提升"活动

（湖州师范学院　撰稿人:沈翔鹰　田秀菊　连红杰）

一、活动的组织背景

随着我国改革开放的逐渐深入,城镇化进程的不断加快,外来务工人员等流动人口已经成为城市中不可或缺的群体。外来务工人员承担着城市中各类艰辛的工作,为城市的建设、发展贡献自己的力量,同时也面临着诸多亟待解决的困难,比如子女的健康成长便是他们最关心的方面。面对新的环境和压力,良好的自信心能够让外来务工子女很好地适应新的生活,良好的自信心是其在城市中幸福生活的必要保障。根据埃里克森的人格发展理论,小学时期的儿童正处于自信心培养的重要时期,但是缺乏自信心是外来务工子女显著的特点之一。因此,对外来务工子女进行自信心的提升是刻不容缓的。

湖州市未成年人心理健康教育辅导中心积极关注这一群体的身心发展,用自己的方式陪伴他们的成长。本中心是由市委宣传部、市文明办、湖州师范学院、市教育局、团市委、市妇联、市红十字会、湖州广电集团等单位联合主办,依托湖州师范学院大学生心理健康教育指导中心,在原有湖州市"心海导航"青少年成长中心和湖州市 12355 青少年心灵花园体验中心这两大未成年人心理健康教育辅导基地建设的基础上,进一步整合全市未成年人心理辅导教育师资力量和阵地设施等资源,共同管理运行的公益性服务机构。在管理模式上采取"部门合作、统分结合、市区协同"的方式。中心功能室设置齐全,设有沙盘游戏、智能互动宣泄、生物反馈减压训练、音乐放松体验、团体辅导、素质拓展等项目设施,建筑总面积达 1 000 余平方米。配备学校心理辅导老师 27 名、社会心理咨询师 12 名、大学生服务未成年人心理健康志愿者 6 名,其中,国家二级心理咨询师 35 名、国家三级心理咨询师 5 名、学校心理健康 A 证教师 5 名。

二、活动的设计理念与目标

此次活动的设计理念是:用陪伴的力量和专业的技术关注外来务

工人员子女的身心发展,让他们在健康、积极的环境下不断成长,切实维护未成年人的合法权益。

本次活动的目标主要是通过开展心理团辅的形式,有针对性地提高孩子们的自信心,让他们发现自身的优点、看到自己的长处,客观认识自己的不足,建立集体荣誉感。还拟通过此次活动能丰盈外来务工人员子女的课余生活、助力其身心健康成长,并能帮助他们更好地认识自己、融入集体,建立互信、共融关系,以更加自信的姿态实现与他人的和睦相处。

三、活动的时间和参与人员

2013 年 11 月 9 日。

外来务工人员子女 30 人、志愿者 10 人、新闻媒体人员 2 人。外来务工人员子女是湖州市罗师庄警务室"阳光假日小屋"的孩子们,他们都是低年级小学生,父母忙于工作对他们无心照料,周末有大量的课余时间。这些孩子跟随父母务工来到湖州,家庭条件普遍较差、社会地位较低,与本地的孩子相比普遍存在自卑、不善交际等现象。本次活动的志愿者由高校的大学生、社会人员组成,他们长期从事各类志愿活动,对教育工作充满热情。活动也受到湖州当地媒体的关注,有两名新闻媒体人参与了此次活动,并做了后续的报道。

四、活动过程概述

(一) 破冰之旅

在志愿者的陪同下,外来务工人员子女参观和感受"心灵花园"体验中心。青少年"心灵花园"体验活动是基于未成年人心理健康教育"预防—发展"理念,开展未成年人心理健康、能力素质提升的项目,已连续两年被浙江省省文明办确定为全省未成年人思想道德建设十件实事项目。面对各类新颖的心理设备,孩子们欣喜不已,三五成群围绕着心理设备尝试起来,在这过程中孩子们初步实现了从陌生到熟悉的转变。同时志愿者带领小孩子们进行了"找朋友,组队伍"的破冰游戏,通过自我介绍,对组员姓名、特点进行强化记忆,为下一步开展互动做好准备。每个小组组员通过各种强化认识和记忆的游戏,增加了了解,熟悉彼此,并选出了本队队长。组员制订出小组契约和规范,特别是保密、信任等重点契约进行强调。最后,小组组员签名确认了小组契约。

(二) 认识自我

在志愿者的指导下,所有人员进行一次心理团体辅导活动。在团体的情境下,通过科学的活动设计,促使青少年在活动过程中观察、学习、体验,实现自我认识与探索,学习新的态度与行为方式,促进良好的适应与人际互动。在这一部分,志愿者带动小孩子重新审视自我的特点和优势,通过开展游戏加强互动,达到增加信任和沟通交流的目的。此次活动分两个单元。第一单元的主题为结识并信任,主要是通过准备卡纸,设定"我最喜欢的人"为讨论话题,进行随机分队讨论,产生桌长和队长,每个人都有发言的机会,桌长除了讨论还负责记录,最后由队长来阐述本队形成的讨论结果。通过开展此类开放式讨论,增加话题中的共同性,让组员充分畅所欲言又结合自身认知进行自我意识重塑。第二单元主要是开展"我能我行"才艺表演。通过组员自我发动,自我推介,每人一次自我展示的机会。组员之间的信任又得到进一步巩固。

（三）携手前进

该部分为活动最后部分。志愿者从积极肯定小组的成绩的角度切入，肯定孩子们的成长和优异表现，带领孩子们回顾小组活动中取得的进步，并利用祝福互换恰当处理了大家的离别情绪，在大家的欢声笑语中结束了本次活动。

五、组织者的反思

外来务工人员子女这一特殊群体，一直以来受到社会各阶层的关注，如何保证其获得良好的成长环境是大家共同的心声。湖州市未成年人心理健康教育辅导中心凭借制度、场地、人员等优势，采用心理团体辅导、参观体验等多样化的活动形式，积极关注外来务工人员子女的健康成长，从而有力维护未成年人的合法权益。

本次活动总体达到了预期效果，主要表现在通过团体活动让孩子们获得了积极的肯定，有助于他们消除对自己认识的不良看法，尤其是在团体动力的推动下，孩子们沉浸在愉悦的活动中，感受到彼此的相互肯定，提升了对自己的认同感，激发了他们的内在潜能，有效地提高了自身的自信心。

与此同时，活动也存在一些不足，主要体现为各项活动缺乏整体的设计，相互之间缺乏合理的逻辑性，活动的科学性有待进一步提高；由于志愿者和组织者人员不稳定导致活动的规划与组织缺乏连贯性，如何做到长期持续开展活动值得进一步思考。

简洁温馨的中心环境

沙盘体验

"我能我行"才艺表演

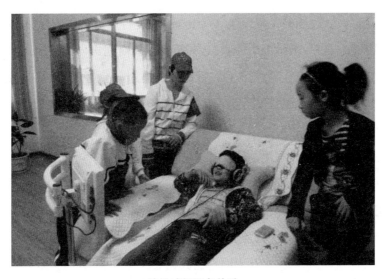

放松减压设备体验

◆ 专家点评 ◆

对弱势群体的关注与关爱体现着一个国家与社会的文明风尚程度。残障儿童、留守儿童、外来务工人员子女等都是国家、社会、学校需要给予重点关注和保护关爱。外来务工人员子女在少先队组织中属于"流动的少先队员",也是祖国的花朵与未来,因此关注与关爱这些"流动的少先队员"不仅是少先队组织自身的责任,也是学校、社会各界要共同承担的义不容辞的责任。这一活动案例的特点可以概括为以下两个方面:

一是融多方,展情怀,尽责任。在1993年全国少工委提出的"跨世纪中国少年雏鹰行动——生存与发展行动计划"中,就特别强调对队员自强自律的生存意识教育。整体而言,外来务工人员子女通常具有学习基础薄弱、物质条件不理想以及生存边缘化特点,故而在心理上也多存在胆怯、自卑、紧张等消极状态,甚至在很长时间段内都不能融入当地的生活。因此,让他们多了解所生活的周边环境,体会到社会的关爱,提升生活与学习自信心是一件非常重要的事情。湖州市未成年人心理健康教育辅导中心作为一个多方单位协作的融合性阵地和具有明显公益性质的服务阵地,不仅体现着新时代党团队一体化工作理念,更能充分利用中心的设施资源与人力资源,关注作为外来务工子女的队员心理状态,结合年龄特点开展"预防—发展"理念指导下的针对性心理辅导活动,在拓展这些"流动的少先队员"的人际交往能力、语言表达能力、自我认知能力,以及悦纳自己并树立人生发展信心,促进其心理品格的锻炼与发展方面发挥了助力作用。

二是推活动,悦体验,促成长。可以看到,在这次活动中,参与活动的流动队员人数并不是很多,但由于活动组织者的精心设计与组织,流动小队员们通过看、听、做等感受到了不一样的生活空间与人际环境,在与伙伴基本交往、协调做事以及自我认识、自我表达方面都有了一次新的愉快体验。"我能我行"活动环节的组织,在增强流动小队员的个人自信心以及对他人的信任感方面起到推动作用,这也使流动小队员感受到社会团体生活之美,建立起正向的人际关系认知与积极的社会生活价值观。

当然,如果此次活动在少先队组织元素凸显方面更细致些,活动更能持续、体系化开展,则更具有少年儿童组织校外阵地的教育意义,更有助于促进这些流动的少先队员的健康成长与发展。因此,以少年儿童组织教育活动开展为抓手,社会各界机构、团体与人士主动携手关心与关爱这些流动的少先队员,才能让他们在祖国同一片蓝天下快乐而健康地展翅翱翔。

非营利社会组织阵地活动案例

"弘扬传统文化,传播科学知识"国学营地活动

(保定市高新区小学 撰稿人:刘禹辰)

一、活动的组织背景

中国传统文化源远流长、博大精深,它渗透在中国人的行为、意识、思想、灵魂等诸多领域之中,决定了我们每一个人的心理、个性、人格等基本素质的发展方向。但随着社会的飞速发展,东西方思维的整合,现

代小学生对传统文化的认知与了解程度急剧缩减,对于中华优秀传统文化的继承和发扬就更加谈不上了,这就要学校教育与家庭教育以及社会教育有机结合,通过学习、活动、基地建设等形式加深对传统文化的学习,以便于更好地把传统文化与现代科学知识融合起来。

河北保定新莲池书院是莲池书院复建的综合文化产业项目,属于非营利性社会组织,由书院、书院精舍、书院草堂三部分组成。书院建筑借鉴了园林建筑艺术,充分展示保定古莲花池和莲池书院的艺术风格,设有莲池书院博物馆、万卷楼、研北楼、学古堂、名人舫、碑廊等建筑,文化底蕴深厚,显示了对闻名全国莲池书院的传承与发展。

二、活动的设计理念与目标

人的优秀品德是在良好文化氛围的熏陶、陶冶中不知不觉形成的,而国学精华是熏陶、陶冶青少年的最好材料。通过对国学系列知识的学习使青少年德行与智行共同成长,达到春风化雨、润物无声。

为了提高本校少先队员对国学的热爱之情,结合本地社会资源,特组织"走进新莲池书院"国学夏令营活动。拟通过走进新莲池书院,感受传统文化气息,让队员在迷人的古代建筑氛围中,通过穿着汉服、学习茶艺、清晨习武、诵国学经典等具体环节的活动,学习传统文化知识,感受我国传统文化的博大精深。

三、活动的时间与参与人员

2015 年 7 月 18 日—7 月 22 日,四年级和五年级 50 余名优秀少先队员,并有 4 名辅导员老师带队参加。

四、活动过程概述

(一) 入营感受国学环境

受到古朴环境吸引。新莲池书院错落有致的亭台楼阁及荷莲满堂、绿柳红花的美景吸引了此次夏令营的队员。古朴的建筑孩子们虽然见得比较多,但静心在其中学习和住宿却是第一次。队员们带着喜悦的穿越感投入此次活动。

体验穿戴汉服饰。汉服文化是反映儒家礼典服制的文化,是一个非常成熟并自成体系的千年文化。此次夏令营,队员们全程着汉服,但是这没有纽扣、拉链,只有四条带子的服饰却难倒孩子们了,最后在书院教师的指导下孩子们终于能穿好汉服了。队员打趣"以前的人真是聪明"。

清晨习武练身体。这次夏令营除了学习文化知识,锻炼身体也是必不可少的。队员们每天六点起床,穿戴整齐后到书院风景秀丽的"得月台"像模像样地练习武术! 有的孩子对武术稍有了解,有的是第一次接触,但仅几天的学习激发了队员们学习武术的热情。

(二) 体味传统典籍魅力

诵国学经典。国学夏令营期间,每天诵读国学是必不可少的项目,《弟子规》《大学》《三字经》等内容是每天的必读项目。书院的指导老师还为队员们做《弟子规》的细致解读,让孩子们在诵读的基础上加以践行,做到知行合一。

诗词吟诵。吟诵是传统的读诗读词读文的方法，在我国有着悠久的历史。"四声""五音"等知识都是孩子们第一次听说，这个课程的学习为大家开启新的探究旅程。队员们体味着抑扬顿挫的发音，用自己的努力练习体味古人的韵律。

（三）　体验传统民间艺术知识

体味泥塑。泥塑是一种古老常见的民间艺术。此次体验，队员们从小物品入手，体味制作小花生、小瓜子、白果等物品的乐趣。

赏茶道敬师长。茶道表演由专任老师进行，教师的举手投足，大方、温婉，队员们都被深深地吸引了。最后，队员们学习茶道，并为在场的老师们敬上一杯茶，表达自己的感念师恩之情。

（四）　感受其他营内生活

走进"四季植物馆"。本次夏令营不但学习汉文化知识，科技知识的传递也是不可缺少的部分！孩子们走进生态园四季植物馆，由植物专家带领欣赏各地的珍贵植物。最后，队员们采摘自己喜欢的叶子创作叶子画。

话剧排练。为培养队员们的爱国情怀特开展话剧展示环节，孩子们自由结组，利用课余时间排练话剧《英雄王二小》，指导教师为大家推选编剧、导演，并为大家做细致指导。最后上台展示。

篝火晚会。夜幕降临，举行篝火晚会，这是队员们非常喜欢的活动之一。大家一起唱歌、做游戏、跳舞……不过有一位小队员因为没有离开过家，现场表现得很伤心，于是带队的辅导员老师与热心队员上前安慰、鼓励、讲笑话，让小队员破涕为笑，充分展现了队员互助友爱的好品德。

五、组织者的反思

保定新莲池书院旨在"开展国学教育,弘扬中华文化",在深入研究和挖掘书院文化底蕴、开展学术研究与交流的基础上,营造中华文化精神家园。在新莲池书院的活动中,队员们不仅学到了中国文化的由来,还了解并亲身体验了很多有趣的科学知识,新形式的集体生活,让孩子们学会谦让、鼓励,相信这次的经历在他们人生的成长道路上增添了一笔浓重的色彩,收获到不一样的感悟。不过在和孩子们的接触发现,有的孩子在第三天的时候感觉活动有些乏味,不像在家能看电视、玩手机、打游戏等更加刺激有趣,但是经过辅导员老师的积极引导,队员又恢复了最初的学习热情,直到最后的展示环节在家长面前精彩亮相,队员也感受到这么多天的付出是值得的。

清晨习武练身体

学礼仪诵国学

学习茶道

向教师敬茶

表演红色戏剧《英雄王二小》

◆ 专家点评 ◆

这是一个由学校联合非营利社会组织而开展的一次少先队校外营地活动。营地教育是少先队活动课的实施方式之一。从世界范围看，营地教育始于19世纪中后期的美国，多为户外活动，但也会与配套的室内活动相结合。在我国，新中国成立后的营地教育始于夏令营活动，但并不普遍，有一个漫长的发展期。但在这样漫长的发展过程中，营地教育一直都是服务少年儿童成长的重要阵地形式，特别是20世纪90年代以后，真正意义上的大众化夏令营活动得到发展，当前营地活动更成为一种对少年儿童进行社会教育的国际化潮流。此外，近二十年来，"国学"教育在我国复兴，开展国学教育的主体与形式都出现多元化与多样化特征。从深层次讲，"国学"教育背后体现的是对民族文化认同与继承的教育，也是民族自信的一种信仰塑造，这一点需要在少年儿童成长与发展中加强。此案例活动基于营地教育与国学教育的结合而开展，具有诸多可圈点的地方。具体表现为：

注重活动中的隐性教育元素。活动场所设在景色优美、闲暇怡情的生态园内，建筑物均为中国传统建筑式样，队员活动时均身着中国传统服装。这些都是队员活动时的隐性环境元素，成为队员在潜移默化中感受、体验的一部分。

活动内容在注重传统文化传播的同时也紧密结合当地文化。汉服、汉礼、汉艺的体验，还有结合当地红色文化历史故事排演情景剧，深度理解小英雄的革命气概。这些都使得活动既具有宽度，又具有焦点。

营地组织者的活动设计注重与学校教育的紧密结合与联合。营地组织者主动挖掘家乡文化蕴含的社会主义核心价值观与时代教育性，成为当地"家乡文化进校园"项目活动中的重要社会协助与合作力量，并本着"让每一个孩子都有好的体验"这一宗旨，以精品小班方式组织与开展活动。

当然，此案例活动中队员的活动模仿性更强一些，若能增强队员团体与个人的创造性及其领导力方面再灵活设计一些深度活动，可能会有更好的深层教育效果。此外，就学校而言这一活动若能持续组织开展并面向每一位队员，就营地组织者而言若能构建深度开发的体系化、层次化与持续性营地课程，则教育效果会更上层楼。

家庭—社区阵地活动案例

"老少心连心，低碳贸易节"爱心义卖活动

（天津市河东区云丽园社区　撰稿人：付慧珍）

一、活动的组织背景

发掘社会资源，发挥社区活动站、家庭活动室，以及"五老"人员作用，做到让社区广大青少年就近就便参加活动，这样能够将青少年教育活动落到实处。天津市河东区在全区范围内发掘社会资源，动员更多的"五老"人员，特别是家庭教育资源，做到为我所用。家庭活动室的形式对于青少年教育来说是个新形式，特别是在寒暑假期间，街道、社区的青少年可以不出社区就有自己的素质教育实践基地和青少年社区活动站、家庭活动室，可以定期或不定期的组织他们进行参观、学习或参

与实践活动,能够充分发挥其教育功能,丰富广大青少年的假期生活,使他们增长知识,开阔眼界。同时也解决了家长担心的安全问题,深受广大青少年和家长的欢迎。

付慧珍"家庭特色活动室"就是其中的一个阵地,也是被全国少工委授牌的"全国少先队名师工作室"。付慧珍老师作为一名老辅导员,具有深厚的少先队情怀,她深深热爱着少先队工作事业,关心着社区里孩子们的成长。为此在退休以后,她仍然积极主动发动社区建立活动站和家庭活动室,义务协调联系"五老"等其他社会力量从事少先队公益事业。尤其是每年寒暑假,付老师根据自己的家庭特色活动室的性质,依托社区,为孩子们设计和组织丰富多彩的社会活动。

二、活动的设计理念和目标

暑假是孩子们走向社区、和小伙伴玩耍、参与实践活动的好时机。假期开始,付慧珍家庭特色活动室就与社区少先队相联合,设计和安排了队员们的社会活动行程,队员们根据自己的时间选择参加活动的内容,开好"暑期第一课"!

此活动的目的在于让孩子们过一个有教育意义的假期,同时深化爱心公益意识,并加强队员们社会交往、消费理财等能力的训练。

三、活动的时间和参与人员

2017 年 7 月 24 日。

河东区鲁山道街社区少先队的队员 32 名。

四、活动过程概述

这次活动是孩子们期盼已久的义卖活动。当天天气十分炎热,但是河东区鲁山道街社区少先队的孩子们冒着三十多度的高温,提着自己的玩具书本等,早早来到社区花园,找到自己的摊位,摆好物品,开启自己当"小老板"的第一课。他们边喊边招呼,吸引着小区里过往的人。许多家长和社区居民都来到义卖现场。

孩子们义卖的劲头和精彩的口才表现,让在场的爸爸妈妈、爷爷奶奶们深受感动,纷纷慷慨解囊,购买自己喜欢的东西,就连两岁的小朋友也加入了义买的队伍,挑选着自己喜爱的玩具。经过两个小时的辛苦付出,每个参加义卖的小队员都有不小的收获。经过统计,共得到义卖款二百四十余元。队员们把自己义卖的收入全部捐给了街道红十字会,用在了最需要的地方。

五、组织者的反思

组织这次活动的初衷是因为社区孩子们家庭生活都是比较不错的,每个孩子的学习文具、玩具、衣服等都比较充裕,但是浪费现象比较严重。我觉得对孩子们进行节约资源教育很有必要,于是决定在社区少先队员中开展"低碳贸易节"活动,将义卖的款项全部捐给河东区红十字会,用在有需要的地方。我也是在活动前征求了家长和社区孩子们的意见,得到了家长和社区少先队员的大力支持。

协同的责任

活动开场

被吸引的家长与社区居民

194

买卖双方"火热"交流

"成交"场面

义卖爱心捐款

◆ 专家点评 ◆

　　这是一个典型的依托家庭阵地和社区阵地而开展的非常有意义的少先队校外阵地活动。家庭阵地在我国少先队活动史上曾经是非常活跃的阵地类型,但随着社会城镇化与工业化的推进,传统家庭结构与生活模式逐渐发生改变,核心家庭日渐增多,父母同时外出工作现象普遍,家庭的隐私性更受到重视,进而公共生活空间增多,邻里之间的交往弱化,这样家庭阵地的功能实现也随之被弱化。不过结合着20世纪80年代以后引进的"社区"概念与当地生活发展模式,社区建设以及社区少先队建设逐渐得到重视和大力发展。在这样的背景上看此活动案例，其突出的亮点有三：

其一亮在这是一次家庭阵地与社区阵地有机结合的好活动。如果说活动是少先队教育的主要方式与载体，那么阵地便是少先队教育活动的依托。家庭、社区是队员日常生活场所，充分利用好这两个阵地，不仅可以拓展少先队组织的社会影响力，更是促进队员社会化的有效路径。当前社区少先队建设在我国很多省份正蓬勃开展，家庭作为社区组织中的一部分，如何以社区少先队为抓手带动家庭阵地的开发与作用发挥，是一件很重要和有意义的事。但此案例活动的亮点不仅在于两种阵地的结合，还在于热爱少先队事业的付慧珍老师开辟出自己的家庭空间，创建健康活泼的家庭阵地服务队员的成长，并主动联系社区，获得社区支持，创意开展多种多样的节假日活动，社区里的少先队员因此多了一处快乐成长的空间。

其二亮在活动的发起与组织是校外辅导员作用的发挥。校外辅导员是少先队工作的有力助手，也是队员成长中的重要辅助力量。特别是在目前校外阵地社会化趋势下，有更多的社会人士主动承担起少先队员发展的责任，这令人欢欣鼓舞。的确，每一个校外阵地的开发与建设都需要一个有能力且有责任心的人来引领。此案例活动是由"全国少先队名师工作室"以及"家庭特色活动室"的负责人付慧珍老师组织的一次活动。付老师热爱少先队事业，退休之后仍心系少先队事业，心系少先队员发展，二十年如一日，充分践行了作为一名少先队工作者的崇高觉悟与深沉情怀。

其三亮在日常化与生活化校外阵地活动的开展。活动就在生活小区里，活动就在家门口，社区里的少先队员不仅能够便利、安全地参加活动,通过生活角色模拟在真实的生活场景中做事、体验与思考;家长和其他社区住民也可以更多地一同参与,实现"全民助队",邻里交往也在充满生活气息的阵地活动中得以进行或加强,促进了社区的和谐建设。这种生活化、便民化的阵地活动受到社区队员和家长等的一致喜欢。少先队校外阵地活动社会化的根本就在于在真实自然的社会生活场景中全面教育队员和培养队员,使之成为合格的社会公民。此案例活动背后折射的是少先队组织教育的"大教育观",是社会、家庭、少年儿童组织相结合的教育。

高校—社区阵地活动案例

青柚空间

——湖州市红领巾校外德育工作站活动案例

(湖州师范学院   撰稿人:李新乐   李慧卿)

一、活动的组织背景

党的十八大以来,以习近平同志为核心的党中央高度重视优秀传统文化的宣传教育。加强中华优秀传统文化教育,对于培养学生良好的思想品德和行为习惯,增强民族文化自信和价值观自信,自觉践行社会主义核心价值观具有重要作用。根据教育部《完善中华优秀传统文化教育指导纲要》与《中共浙江省委办公厅 浙江省人民政府办公厅关于全面加强中小学德育工作的若干意见》(浙委办〔2016〕3号)文件精神,湖州师范学院教师教育学院围绕立德树人根本任务,依托教师教育学院专业优势和大学生志愿服务活动成果,将师范生的师德教育、教师养成教育与中小学生的课外德育教育结合起来,针对社区、行政村少年儿童德育工作资源缺失现状,鼓励、引导师范生积极参与青少年思想道德建设。学院在长期开展大学生公益支教、传播传统文化的基础上,整合资源,在与社区、行政村党支部"结对共做"中做到合力服务惠民、合力文明创建、合力助推发展,推出了"青柚空间"湖州市红领巾校外德育工作站,把培育和践行社会主义核心价值观、继承与发扬中国优秀传统文化教育贯穿于项目全过程。

二、活动的设计理念与目标

　　校地联动,做"强"思德建设。我国大学生社区志愿服务长效机制建设,要发挥政府主导作用、社会助推作用、高校与社区主体作用,实现政府"搭台"、高校与社区"唱主角"、社会"鼓掌"的和谐氛围。青柚空间的建立很好地融入这个氛围。"青"即为青年的"青","柚"是孩童幼子"幼"的谐音,"青柚"是一种孩子喜闻乐见又具有丰富营养的水果,"青柚空间"旨在加强校地合作,整合政府部门、社区、高校资源,合力推动青少年思想道德建设。在实施过程中实现了"三个多",即:多方联动,组织保障强;多个对象参与,覆盖层面广;多项任务完成,工作质量高。

　　个性菜单,做"优"服务内容。志愿服务品牌要有吸引力和生命力,就必须有孩子和家长欢迎和喜爱的内容,要结合他们的真正需求,发挥师范生自身优势,培育具有独特性的服务项目。"青柚空间"依托阵地优势,在"三点半青柚课堂"设计德育教本,将社会主义核心价值观和传统文化传承融入其中,形成了独具特色的"课程菜单",深受孩子和家长的欢迎与喜爱。在实施过程中,优化各方资源,形成三大个性菜单,即:"经典课堂",弘扬传统文化;"生活课堂",提升综合素养;"文明课堂",服务文明创建,促进传统文化在青少年心中扎根发芽,帮助少年儿童提升动手动脑、团队合作等综合能力,同时鼓励社区内中小学生积极参与社区交通文明、生态文明、法治文明等社区文明创建工作。

壮大力量,做"活"工作队伍。志愿服务活动品牌要发展壮大,有影响力,必须要整合社会资源,扩大志愿服务队伍的参与范围,调动学生积极性,让活动项目逐步接地气,实现常态化。"青柚空间"项目依托团委、教育部门、高校、社区等优势,建立一支专业多样、热心公益、纪律良好的服务队伍,实现了志愿活动专业化支撑、志愿化补充、公益化服务的良性发展。

三、活动的时间和参与人员

2016 年 6 月至今。

目前已经在全市建成青柚空间 6 个,覆盖 6 个社区,辐射 1 000 余名青少年,主要为各社区内三点半放学后无人照看的少先队员;发动大学生志愿者 1 200 余人次,社区工作者、老干部等志愿者 100 余人次,开展活动 1 000 余场次,实现了学院、社区、少工委和少先队员的多方共赢。

四、活动过程概述

以湖州市吴兴区飞英街道余家漾社区青柚空间活动为例,时间安排为周一至周五下午 3:00—5:00。具体活动环节如下：

1. 接送

学校和社区之间隔着一条马路，为确保小朋友们的安全，"青柚空间"余家漾社区的志愿者们还自愿承担起了"护卫员"的工作，一路护送小朋友们从学校安全返回社区。下午三点，志愿者们准时在湖州市吴兴区余家漾社区服务中心集合，负责人确认每位志愿者负责接送的小朋友名单。下午三点半，志愿者们穿着统一的印有"青青姐姐"和"柚子哥哥"的志愿者服装，准时出现在湖师附小余家漾校区门口，举着各自小组的指示牌等待对应的少先队员们。安全到达社区服务中心后，社区工作者和老干部志愿者负责下一阶段课程进行中的安全、秩序维护任务。

2. "三点半"青柚德育课堂

每天上课的内容都是根据德育课程菜单精心准备的，这份课程菜单分为"承红色经典 做'美德少年'""习民俗民义 知传统文化""拓综合素质做文明使者""争全面发展 做'五好少年'"四个篇章，内容包含了学习民俗民艺、国学传统文化、安全环保礼仪知识、科学心理运动等，课程十分丰富。尤其突出了传统文化的教育与宣传，设置中国戏曲、丝绸文化、蚕桑文化、湖剧等课程，挖掘中华优秀传统文化精髓，传承经典，弘扬传统文化。授课志愿者通过集体备课，在每个阶段设置主题，采用不同教学形式与少先队员进行互动交流，比如 6 月 5 日的中国戏曲课程，志愿者与学生进行了脸谱的制作，让学生现场体验京剧的魅力，进而再对中国戏曲的历史与发展进行讲解，让学生们更加深刻领会到传统文化的魅力，同时课后留时间让学生进行感受分享。

3. 活动结束

17 点整,在当天课程结束时,学生家长在志愿者的组织管理下陆续从青柚空间将学生接回家。

五、组织者的反思

"青柚空间"德育工作站的开展与实施对当前大学生思想政治教育以及高校服务地方工作等都是一项积极的探索与实践,也是地方少先队校外阵地建设的一项有力补充。我们从活动中认识到以下三点:一是要紧跟形势,让公益实践成为党和政府加强少先队员思想道德教育政策的有效落脚点;二是要多方联动,让公益实践成为构建师范生师德师能培养协同创新平台的有效途径;三是要主线明显,让公益实践成为青少年思想道德建设内容最优化的有力展示。

社区里的青柚空间

毛笔字课堂

手工艺课

家规家训教育

◆ 专家点评 ◆

这是一个由高校组织的比较典型的高校—社区阵地活动。这一活动在积极探索高校师范生师德教育的实践途径的同时，努力促进少年儿童校外德育活动的开展，取得了很好的综合效果。这一活动具有以下特点：

重视顶层设计，注重培养少年儿童的责任感和社会服务意识。这一案例活动注重顶层设计，从思德建设、服务内容和工作队伍三方面进行了合理设计，并通过校地联动、个性菜单和品牌扩展等具体的形式对活动内容进行了具体阐述，活动设计具有很好的层次性和逻辑性。活动结合高校教师教育学院专业优势和大学生志愿服务活动成果，将师范生的师德教育、教师养成教育与少年儿童的课外德育结合起来，在帮助少年儿童提升动手动脑、团队合作等综合能力，鼓励社区内少年儿童积极参与社区交通文明、生态文明、法治文明等社区文明创建工作,以及培养少年儿童责任感和社会服务意识方面有很好的引导作用。

体现对少年儿童的关爱,注重传统文化和地方文化的结合。这一阵地活动主要包括儿童接送和德育课堂等环节。在儿童接送中积极做好保障,将放学的儿童安全有序地"接"到"青柚德育课堂",减轻家长时间压力,为家长解忧,这一点赢得了极大赞誉,此外活动结束主动保障把儿童安全"送"到家长手中,这充分体现了对少年儿童的关爱。活动还将继承与发扬优秀传统文化的教育贯穿于项目全过程,特别是通过设置中国戏曲、丝绸文化、蚕桑文化、湖剧等具体课程内容突出传统文化的教育与宣传,并通过传统文化与地方文化的结合使少年儿童领会传统文化的魅力并受到潜移默化的熏陶。类型多样的传统文化与地方文化相结合的互动内容增强了亲切感和趣味性,提高了少年儿童参与的积极性。

在未来的活动设计中,也可在活动参与对象的广泛性、活动时间的持久性以及活动设计中与现代教学手段相结合等方面继续提升和完善,以更好地促进少年儿童的健康、全面且深度的发展。

少年宫—社区阵地活动案例

"小云雀周末广场"

——少先队社区教育活动

(广州市越秀区少年宫　撰稿人:汤婉峰)

一、活动的组织背景

作为区级校外教育机构,曾获全国先进少年宫称号的越秀区少年宫对于公益活动特别重视，尤其是青少年的社区活动。在 2014 年 12 月 3 日《中共广州市委关于进一步加强少年儿童和少先队工作的实施意见》中明确指出"完善、推进'团、教、宫'三位一体的少先队工作体系运行机制，并充分发挥各级少年宫作为未成年人思想道德建设阵地和少先队总部所在地的作用"。在少先队改革中，如何充分利用少年宫作为少先队的校外活动阵地，也是探究的课题之一。所以，一直以来越秀区少年宫都极为重视少先队，并承担起了全区少先队的队伍建设、工作指导、活动组织等。

越秀区是老城区，民居密集，商贸繁荣，地域狭小，留给青少年活动的地方并不多，如何充分利用少年宫的天然优势，把少先队活动与社区教育相结合，更好地传播社会主义核心价值观，形成学习型的社区，是我宫一直在探索和研究的。在 2010 年左右，我宫开始尝试利用少年宫门前的小广场开展一些公益性的少先队活动，例如文艺表演、美术课堂，受到了队员和附近居民的热烈欢迎，收到了较好的活动效果。但是由于活动未成系列，未成规制，大家虽然很有需求，却不知道下一次是什么时间，如何报名，显得比较零散和临时，所以，如何建立一个有系统的、有固定活动阵地的少先队社区教育活动，成为了我们要思考和探索的问题。

二、活动的设计理念与目标

基于以上的探索和思考，越秀区少年宫打算以少年宫门前的小广场为主要阵地，开展丰富多彩的少先队社区教育活动，更好地发挥少年宫的作为未成年人思想道德建设阵地和我区少先队总部、少工委办公室所在地的作用,并根据我区少年宫的特点,命名为"小云雀周末广场",希望活动能达到以下两个目标:一是充分运用少年宫的天然优势,建立常态的少先队校外活动阵地,为建设学习型社区创建重要的板块,形成积极向上的广场文化。二是根据青少年的核心素养构建活动课程板块,并建立课程和专家的资源库。

三、活动的时间和参与人员

2013年至今。

活动的对象范围比较广,主要以越秀区少先队队员和家长、少年宫学员、附近居民为主。受众可达10万人次。

四、活动过程概述

(一) 构建多元立体的活动版块

"小云雀周末广场"的定位是活跃社区教育的少先队阵地活动,由于主要在社区,所以也属于群众性活动,每周周六上午进行,一个学期举行15场。在前期的活动探索中,发现科普类、文艺类的活动较为受欢迎,每次在广场中总能掀起热潮,但是作为每个周末都进行的活动,只有这些类型是不够的,所以经过了2010年到2014年的探索期,在2015年开始根据社区的实际需求和青少年发展的核心素养,整理出活动的四大板块:

以发展"计算思维"为目的的活动(课程)板块。计算思维是少先队员的未来,社区教育需发挥灵活、自主的优势,与校内教育形成优势互补。这个活动由 4 个内容组建，分别是图形化编程课程、JavaScript 网页游戏设计活动、手机 APP 程序设计、Ardunio 电子创客活动、C++程序设计课程。这些活动课程既有广场式的讲座、游戏体验活动，又有课堂的专家授课，吸引了一大批队员参加，有些队员还把活动中形成的成果拿去参加各项比赛，取得了优异的成绩，产生了良好的社会反响。

以培养"创意物化"及"勇于探究"精神的科普系列活动。这个板块既有面向队员的探究实验，更有面向社区居民的科普宣传，并邀请区域内的中学生少先队员作为志愿者进行辅助，收到了良好的活动效果。一是科技普及实验活动：在社区广场通过摊位游戏形式展示食品检测、神奇的小灯泡、调皮的螺母、风力小车等实验活动，由队员自主参与。二是生物、化学专项实验活动：需要在室内使用专用器材，分组完成观察洋葱表皮细胞、测试酸碱值、制作二氧化碳气体、溶解及过滤、自制汽水等实验活动。三是科技小制作活动：在活动中，队员们制作的小作品非常多：小闹钟、自制吹风机、恐龙化石、不倒翁、电路实验、升降台、笼中鸟等。每次活动每个队员可完成 4 个小制作项目。四是认识食品添加剂活动：让体验者（社区居民或队员）初步了解日常所饮用的饮品和食用的火锅汤底由哪些添加剂组成，从而做到知情消费，进而理性消费，有益身体健康。该活动需要购买多种食品添加剂、色素，也需要邀请多名中学生志愿者。

以"健康生活"为内容的心理、生理活动课程。这两项活动关系到少先队员健康成长，特别受到家长的关注。心理健康活动通过游戏、讲座、戏剧表演、替代演出等方式，让队员和家长打开心扉，有效提高社区居民心理健康水平,促进社区和谐,因而深受上级部门重视和社区人群认可。倡导身体健康方面,也是家长特别欢迎的活动,另外通过了解2017年底发生的一些新闻事件,激发家长们队员"性心理"教育活动的积极性。在2018年春季,少年宫迅速根据需求增开相关活动课程,针对处于青春期的中学生开展了走进学校,送教上门的讲座。一是心理健康游园活动:以摊位形式会向青少年、家长提供心理知识普及、心理咨询、教育政策咨询和心理测试、亲子游戏活动等多种公益服务。二是教育心理戏剧展演:教育心理戏剧可以增强队员角色意识,发展自我意识,提高表达沟通能力,培养合作精神;完善队员人格,养成良好心理品质。通过替代演出,还可以让家长们找到更好的教育方法。三是游戏活动:游戏是现在队员们所缺乏的,他们很少会有与社区同龄人进行互动的机会,他们要么忙于功课、要么在学校生活学习、要么沉迷虚拟的手机(电脑)游戏。于是,我们邀请专业心理老师,把健康的、有益的游戏带给队员们,让他们真正享受"玩"的时光,这个课程也可以设计为亲子活动课程。四是脊柱健康活动:脊柱是重要的神经器官,但是不良的习惯和沉重的学习压力,令不少队员从小形成脊柱侧弯的问题,影响青少年的生长发育,使身体变形,甚至可以影响心肺功能、认知能力。少年宫邀请专业医护人员及志愿者,给孩子做义诊,通过游戏让孩子们知道脊柱侧弯的危害及预防办法。五是爱牙活动:结合9月20日"爱牙日",邀请专业医护人员给孩子们上课,教授正确的刷牙、护牙知识。六是"性心理"教育活动:针对6岁到青春期的队员开展了不同年龄段的性健康教育课程,例如"保护身体隐私""我从哪里来""男孩女孩不一样""防范性侵害""青春期的爱情"等。

以发展"人文底蕴"和"责任担当"为目标的活动课程。中华优秀传统文化博大精深,少先队员如何更好地进行传承和创新,是少先队活动中的一个重点。少年宫在这方面具有天然的优势,我们邀请各文化艺术项目的专家、教师,在广场上进行普及和体验活动,附近的居民也十分乐于参加。在活动中,少年宫不但希望队员了解、传承一项传统文化,更应该有社会责任感,把中华文化中的精神传承下去,所以不仅设计了广场活动,更联系了不同地域的老人院,在重阳节、春节等重要节日,带领队员们去慰问老人,把"小云雀周末广场"变成了"移动的广场,移动的教育活动阵地"。此版块共分为四个部分:一是中秋、端午文化传承活动。此活动分两部分:一部分是传统文化知识竞赛活动,另一部分是月饼和粽子制作活动。这两项活动每年都会举行,2017年的中秋节,我们还把制作好的月饼送给黄花社区的独居老人。二是写春联活动:在春节前,邀请越秀区少年宫书法名家作授课老师,教授家长和孩子们一起写春联、写"福"字。三是慰问老人活动:邀请有才艺表演能力的队员,到老人院进行慰问演出。四是京剧面谱制作活动:由越秀区少年宫美术老师教授青少年制作京剧面谱,并学习其中的传统文化知识。

(二) 打造线上线下的活动组织体系

线下组织。由于区少先队总队部和区少工委办公室都设在少年宫,每周少年宫还举行全区少先队大队辅导员的公益培训,可以直接联系区内各学校,打通了最重要的关节,所以"小云雀周末广场"的很多活动组织都非常便利。

线上组织。在"互联网＋"时代,线上的组织也尤为重要,所以"小云雀周末广场"还充分运用了 QQ 群和微信公众号进行宣传、报名、数据分析等。在"云计算"的今天,我们推出的二维码扫码报名系统,也可以把多次报名而又缺席的家长手机硬件地址列入"黑名单",有效提高报名出席率,也方便了家长和队员。现在 QQ 群里已有两千多成员,每次公众号的阅读量也非常大。由于线上线下的有机结合,活动组织做到了常态、有序,所以参与人数众多,每学期达一万人次左右,多家媒体进行过报道,引起了较好的社会反响。

五、组织者的反思

作为重要的校外教育阵地,各级少年宫在少先队活动中应该掌握主动权,设计丰富有效的活动,补充校内教育。"小云雀周末广场"正是越秀区少年宫的一次积极有益的探索。从阵地的建设、活动课程的构建、活动组织方式的更新、活动的良好效果,都显示了这是一次成功的探索! 现在,少年宫已经拥有了一个充实的活动资源库,无论是活动课程设计还是活动对象、专家教师,都能使之更好地服务队员成长! 当然,如何使这个阵地更加地深入队员的心,使他们随时随地都可以加入,在"互联网＋"的时代,也在如何拓展"网上的广场"方面进行思考,如录制队员们感兴趣的微课放上公众号,在公众号的社区里建立队员的专属社区等。另外,少先队的主责主业是进行思想引领,所以如何加强这方面的活动,也是需要思考的地方。希望这个小小的"广场"能成为队员们学习、交流、成长的乐园!

创意机器人展示活动

创客科技实验活动

写春联活动

走进非遗:广府通草画

◆ 专家点评 ◆

这是一个由少年宫组织的比较典型的公益社区阵地活动。此活动充分利用少年宫门前的小广场开展公益性少先队社区教育活动，更好地传播社会主义核心价值观，不仅为少年儿童发展提供了有益的环境，而且对少年儿童发展产生了非常好的直接影响，以及积极的带动与促动作用。这一活动的主要特点在于：

突出活动的公益性，实现少先队活动与社区教育的紧密结合。此活动首先体现了公益性，其不仅立足于少年宫本身的特长和优势，还积极探索少年宫组织的少先队活动与社区教育的结合，并尝试建立有系统的、有固定活动阵地的少先队社区教育活动，是一种比较典型的少先队社区活动。通过少年宫作用的发挥，把少年队活动与社区教育紧密结合起来，一方面有利于少年宫少先队活动的顺利开展，另一方面也为社区教育提供了很好的平台支持和组织保障。

活动版块内容设计合理，重视网络技术和资源的充分利用。此阵地活动根据社区实际需求和少年儿童发展核心素养整理出四大活动版块内容，每个活动版块又都包含非常具体的活动内容，充分考虑到了少年儿童的实际需要和当前社会的发展，设计合理，有利于少年儿童的全面发展。在深入推进活动教育效能中，少年宫还重视网络资源的开发，充分利用线下组织和线上组织的紧密结合，为活动开展提供健全的组织保障和技术形式，取得很好的成效。

这一校外阵地活动充分发挥了少年宫的社会教育功能，是对少年儿童学校教育的有益补充。如若在活动的长效机制和经费保障等方面继续提升和完善将更有利于少先队社区活动的顺利开展。作为较为典型的且有特色的少先队社区活动,此活动可以为其他社区少先队活动开展提供有益启示和借鉴。

附录一
少年儿童校外阵地建设和实践活动
调查问卷（少先队员用卷）

亲爱的同学：

　　校外阵地是组织少先队员开展教育实践活动的重要基地，也是实施素质教育的重要途径。下面请你参加少先队校外阵地建设和实践活动情况的调查，问卷为不记名问卷，所有数据仅限为科学研究使用，所有调查资料都会进行保密，请你根据实际情况如实填写。感谢你的支持与配合！

■ 在正式回答前请先填写个人基本信息：（在所选项上直接打✓）

　1. 你的性别：A. 男　　B. 女

　2. 你所在的年级是：A. 一年级　　B. 二年级　　C. 三年级

　　　　　　　　　　　D. 四年级　　E. 五年级　　F. 六年级

　3. 你是否担任队干部：A. 担任大队长　　B. 担任中队长

　　　　　　　　　　　　C. 担任小队长　　D. 为普通队员

　4. 你所在的学校位于：A. 市区　　B. 县镇　　C. 乡村

　　　　　　　　　　　　D. 城乡接合部

5. 你所在学校名称的首字母缩写是(比如"蓝叶小学"可缩写为"LY"):

_____

6. 你学校所在的省份为:A. 北京　B. 天津　C. 河北　D. 重庆　E. 上海　F. 山东　G. 江苏　H. 浙江　I. 青海　J. 甘肃　K. 宁夏　L. 河南　M. 湖北　N. 湖南　O. 陕西　P. 山西　Q. 内蒙古　R. 辽宁　S. 吉林　T. 黑龙江　U. 安徽　V. 江西　W. 福建　X. 四川　Y. 贵州　Z. 广东　A1. 云南　B1. 广西　C1. 海南　D1. 西藏　E1. 新疆

■ 请你根据实际情况回答以下问题。请在所选的序号上直接打"√",除已标注为"可以多选"的题项外,其他题项均为单选。

7. 你听说过"校外阵地"这个名词吗?

　　A. 听说过　　　　　　　　B. 没听过

8. 你认为你所在学校有属于少先队的校外阵地吗?

　　A. 有　　　　　B. 没有　　　　C. 不知道

9. 你听说过以下哪些校外阵地类型?(可多选)

　　A. 社区　　　　B. 家庭　　　　C. 少年宫　　　　D. 网上阵地

　　E. 爱国主义教育基地　　　　F. 夏(冬)令营

　　G. 博物馆、美术馆类社会公益阵地　　　　H. 其他

10. 你认为少先队员在校内参加阵地活动和在校外参加阵地活动的效果是一样还是不一样?

　　A. 效果一样　　B. 效果不一样　　C. 不知道

11. 你是否喜欢参加校外少先队活动?

　　A. 喜欢　　　　B. 不喜欢　　　　C. 说不清楚

12. 你更喜欢到校外的哪些地方参加少先队活动？对下列地方按你喜欢的程度从高到低排序，它们依次是：(填写序号就可)_____

    A. 社区　　　　　　　　　　B. 家庭

    C. 少年宫　　　　　　　　　D. 爱国主义教育基地

    E. 夏(冬)令营地　　　　　　F. 博物馆、美术馆类的地方

    G. 大自然环境里

13. 你最喜欢什么时候参加校外少先队活动呢？

    A. 寒假　　　　B. 暑假　　　　C. 正常节日里　　　D. 班队会时间

    E. 少先队活动课上　　　　　F. 无所谓，听老师安排

    G. 不知道

14. 你更喜欢什么内容的校外少先队活动？（可多选）

    A. 有关国家当前发展的　　　B. 有关中国传统文化的

    C. 有关革命传统的　　　　　D. 有关理想教育的

    E. 关于社会道德方面的　　　F. 有关生活常识的

    G. 有关法律知识的　　　　　H. 有关心理健康的

    I. 身体素质拓展方面的　　　J. 直接体力劳动方面的

    K. 其他

15. 你更喜欢什么形式的校外少先队活动？（可多选）

    A. 听报告讲座形式　　　　　B. 参观形式

    C. 小记者采访形式　　　　　D. 大家围坐研讨形式

    E. 队员登台表演形式　　　　F. 作品制作形式

    G. 现场进行活动参与和体验形式　　　H. 其他形式

16. 你是喜欢到阵地现场进行实践活动还是喜欢在网络上参加少先队活动？

A. 喜欢现场活动 　　　　B. 喜欢网络活动

C. 无所谓

17. 你在参加校外少先队活动时,是否有作为少先队员的自豪感?

A. 非常有自豪感 　　　　B. 有一点点自豪感

C. 一点也没有自豪感 　　D. 不知道

18. 你校辅导员带你们开展少先队实践活动的一般情况是:

A. 校内活动多于校外活动 　B. 校外活动多于校内活动

C. 校内与校外活动基本一样多 D. 不清楚

19. 你校辅导员带你们到校外开展少先队实践活动的时间主要是:(可多选)

A. 寒假里 　　　　　　　B. 暑假里

C. 平常节日里 　　　　　D. 平时班队会时间

E. 少先队活动课 　　　　F. 周末时间

G. 从未有过

20. 你校辅导员老师们去年一年里带你们到校外开展少先队活动的频次是:

A. ≥8次 　　B. 3—7次 　　C. 1—2次 　　D. 0次

21. 你校辅导员带你们到过哪些地方开展校外少先队活动?（可多选）

A. 社区 　　　　　　　　B. 家庭

C. 少年宫 　　　　　　　D. 爱国主义教育基地

E. 夏(冬)令营地 　　　　F. 博物馆、美术馆类的地方

G. 其他

22. 你校辅导员有没有多次带你们去同一个地方开展过少先队实践活动?

A. 有   B. 没有

（如果选择"有"，请接着回答 23 题；如果选择"没有"，请直接回答第 24 题）

23. 辅导员多次带你们去的这"同一个地方"主要是哪里？

    A. 社区   B. 家庭

    C. 少年宫   D. 爱国主义教育基地

    E. 夏（冬）令营   F. 博物馆、美术馆类的地方

    G. 其他

24. 如果你所生活的社区开展少先队实践活动，你会去参加吗？

    A. 会   B. 不会

    （如果选择了"不会"，请接着回答 25 题；如果选择"会"，请直接回答第 26 题）

25. 你为什么不会？

    A. 要写作业，没多余时间   B. 我喜欢在家做事

    C. 不感兴趣   D. 不知道自己会不会去

26. 你参加过网上少先队活动吗？

    A. 参加过   B. 没参加过

    （如果选择了"参加过"，请直接回答 27 题，如果选择"没参加过"，请跳过此题直接回答第 28 题）

27. 参加了网上少先队活动之后有什么收获？（可多选）

    A. 了解了更多少先队知识

    B. 了解了更多国家方面的知识

    C. 了解更多当地风俗文化

    D. 对自己身边的日常生活更加了解了

E. 掌握了一些新的学习技巧和生活技能

F. 体验了网上活动过程的快乐

G. 其他　　　　　　　　H. 没什么收获

28. 你是否参加过非学校组织的少先队校外阵地活动?

A. 参加过　　　　　　　B. 没参加过

（如果选择"参加过",请接着回答第 29、30 题;如果选择"没参加过",请直接回答第 31 题）

29. 你参加过下列哪个或哪些机构组织的阵地活动?（可多选）

A. 社区　　　　　　　　B. 家庭

C. 少年宫　　　　　　　D. 爱国主义教育基地

E. 夏(冬)令营　　　　　F. 博物馆、美术馆类阵地

G. 其他

30. 在上述你参加过的阵地活动中,你最喜欢哪一个阵地的活动?

A. 社区　　　　　　　　B. 家庭

C. 少年宫　　　　　　　D. 爱国主义教育基地

E. 夏(冬)令营　　　　　F. 博物馆、美术馆类阵地

G. 其他

31. 你对少先队校外阵地建设及其实践活动开展有何建议?（请至少写出一条）

调查结束,再次感谢你的支持与配合!

附录二
少年儿童校外阵地建设和实践活动调查问卷（辅导员用卷）

尊敬的辅导员老师：

您好！为全面了解我国少年儿童校外阵地建设和实践活动情况，进一步加强少先队阵地建设，为少年儿童发展提供更加切实有效的帮助，我们开展此次调查活动。问卷为不记名问卷，所有数据仅限为科学研究使用，不涉及对您个人和所在单位的考评，所有调查资料都会进行保密，请您根据实际情况放心填写。感谢您的支持与合作！

■ 在正式回答前请先填写个人基本信息：（在所选项上直接打"√"或直接填写）

1. 您的辅导员身份：A. 大队辅导员　　B. 中队辅导员

2. 您从事辅导员工作的年限：A. 1 年以下　　B. 1—5 年
　　　　　　　　　　　　　　　C. 5—10 年　　D. 10 年以上

3. 您的性别：A. 男　　B. 女

4. 您的年龄：A. 30 岁及以下　　B. 31—39 岁
　　　　　　　C. 40—49 岁　　　D. 50 岁及以上

5. 您的最终学历：A. 专科及以下　　B. 大学本科　　C. 研究生

6. 贵校所在地理位置：A. 市区　B. 县镇　C. 乡村　D. 城乡接合部

7. 贵校性质：A. 公立小学　B. 私立小学　C. 公立中学

　　　　　　D. 私立中学　E. 公立九年一贯制学校

　　　　　　F. 私立九年一贯制学校

8. 您学校名称的首字母缩写是(比如"蓝叶小学"可缩写为"LY")：

_____

9. 您学校所在省份为：A. 北京　B. 天津　C. 河北　D. 重庆　E. 上海　F. 山东　G. 江苏　H. 浙江　I. 青海　J. 甘肃　K. 宁夏　L. 河南　M. 湖北　N. 湖南　O. 陕西　P. 山西　Q. 内蒙古　R. 辽宁　S. 吉林　T. 黑龙江　U. 安徽　V. 江西　W. 福建　X. 四川　Y. 贵州　Z. 广东　A1. 云南　B1. 广西　C1. 海南　D1. 西藏　E1. 新疆

■ 请您根据实际情况回答以下问题。请在所选的序号上直接打"√"，除已标注为"可多选"的题项外，其他题项均为单选。

10. 您认为少先队校外阵地建设的重要程度是：

　　A. 非常重要　　B. 重要　　　　C. 一般　　　　　D. 不重要

　　E. 非常不重要

11. 您认为建立少先队专有校外阵地的必要性是：

　　A. 非常必要　　B. 必要　　　　C. 一般　　　　　D. 不必要

　　E. 非常不必要

12. 您校目前有哪些专有的少先队校外活动阵地？（可多选）

　　A. 社区阵地　　　　　　　　　B. 家庭阵地

　　C. 少年宫阵地　　　　　　　　D. 爱国主义教育基地阵地

E. 夏(冬)令营阵地　　　　F. 博物馆、美术馆类社会公益阵地

G. 其他阵地

13. 您是否参与过您所在学校的少先队校外阵地建设?

A. 参与过　　　　　　　　B. 没有参与过

14. 您是否与校外阵地负责人建立了长期固定的联系?

A. 已经建立　　　　　　　B. 没有建立

15. 您认为少先队校外阵地的负责人/工作人员的少先队活动指导水平和能力如何?

A. 非常好,很专业　　　　B. 水平和能力一般

C. 水平和能力差

16. 您认为您校少先队校外阵地的教育效果如何?

A. 效果显著,队员感觉多方面受益

B. 效果较好,队员认为体验感有所丰富

C. 效果一般,队员反应平平

D. 效果差,流于形式,队员感觉没有新收获

17. 您认为您校少先队校外阵地建设面临的主要问题是?(可多选)

A. 缺乏经费保障　　　　　B. 外出安全压力

C. 有课业压力,不敢多组织　D. 辅导员水平和精力有限

E. 学校领导支持力度弱

F. 受制于实践活动阵地本身的一些要求

G. 缺乏校外阵地建设与活动的专业化指导

H. 缺乏社会各方力量的协作性支持

18. 您校是否有自己主动建立的少先队校外阵地?

A. 有,11 个及以上　　　　B. 有,6—10 个

C. 有,1—5 个　　　　　　D. 没有

E. 不清楚

(如果您选择了 A/B/C 选项,请接着回答 19、20 题;如果选择了 D/E 选项,请直接回答第 21 题)

19. 您校所主动建立的校外阵地是否挂牌?

A. 全部挂牌　　　　　　　B. 有的挂牌,有的未挂牌

C. 都没有挂牌　　　　　　D. 不清楚

20. 您校所主动建立的校外阵地类型为:

A. 社区阵地　　　　　　　B. 家庭阵地

C. 少年宫阵地　　　　　　D. 爱国主义教育基地阵地

E. 夏(冬)令营阵地　　　　F. 博物馆、美术馆类社会公益阵地

G. 其他阵地

21. 您校/您所在中队开展少先队校外实践活动的频率是?

A. 每周固定的时间内开展

B. 每月固定的时间内开展

C. 依据传统节日或时事热点开展

D. 没有规律,根据学生的空闲时间随机开展

E. 基本没开展过

22. 您校的少先队校外实践活动一般以何种形式进行?

A. 队员个人　　B. 小队　　　C. 中队　　　　D. 大队

23. 您校对少先队校外实践活动经费支持情况如何?

A. 经费充足　　　　　　　B. 基本能够维持活动

C. 经费不足　　　　　　　D. 无经费

24. 去年一年里,您校的校外实践活动在所有少先队活动中所占比例

约是多少?

A. 75%以上 B. 50%—75%之间

C. 25%—50%之间 D. 25%以下

25. 您校是否将少先队校外实践活动列入年度教育工作计划?

A. 列入 B. 没有列入

26. 您是否参加过有关少先队校外实践活动的专门研讨会(含学术会议、培训、讲座)?

A. 参加过 B. 没有参加过

(如果您选择了"参加过",请接着回答 27 题;否则请直接回答第 28 题)

27. 如果您参加过这些专门研讨会,都是哪些级别的?

A. 国家级 B. 省级 C. 市区级 D. 校级

28. 确立少先队校外实践活动主题时,您一般的做法是:

A. 辅导员自己决定 B. 辅导员与队员一起讨论决定

C. 由队员们自己讨论决定 D. 听学校的统一安排

29. 自 2017 年以来,您校曾组织开展过的少先队校外实践活动有哪些?(可多选)

A. 人物纪念性活动 B. 参观学习性活动

C. 节日庆祝性活动 D. 竞赛性活动

E. 团体表演性活动 F. 拓展训练性活动

G. 社会公益性活动 H. 调查研究性活动

I. 大自然体验性活动 J. 其他

30. 您认为您校/你所在中队的少先队员更喜欢参加哪些校外实践活动?(限选 5 项)

A. 人物纪念性活动   B. 参观学习性活动

C. 节日庆祝性活动   D. 竞赛性活动

E. 团体表演性活动   F. 拓展训练性活动

G. 社会公益性活动   H. 调查研究性活动

I. 大自然体验性活动   J. 其他

31. 您认为您校少先队校外实践活动面临的最主要问题有哪些?(限选 5 项)

A. 时间缺乏保证   B. 缺乏活动内容指导

C. 缺乏经费保障   D. 校外实践活动阵地建设不足

E. 课业压力大   F. 安全压力

G. 辅导员知识能力不够   H. 学校领导不支持

I. 主管教育部门不重视

J. 开展阵地活动的各方力量的沟通协作有困难

K. 其他＿＿＿＿＿＿

32. 您对少先队校外阵地建设及其实践活动开展有何建议?(请至少写出一条)

调查结束,再次感谢您的支持与配合!

附录三
少年儿童校外阵地建设和实践活动
调查问卷（校外阵地人员用卷）

尊敬的女士/先生：

　　您好！为全面了解现阶段校外阵地建设的状况，使校外阵地建设得以有效发展和优化，为我国少年儿童综合素质的提高提供有力支持，我们特别组织了本次关于校外阵地建设相关内容的问卷调查，希望获得您的支持。问卷为不记名问卷，所有数据仅限为科学研究使用，所有调查资料都会进行保密，请您根据实际情况放心填写。感谢您的支持与合作！

■ 在正式回答前请先填写个人基本信息：（在所选项上直接打"√"或直接填写）

1. 您的性别：A. 男　　B. 女

2. 您的年龄：A. 30 岁及以下　　B. 31—39 岁

　　　　　　　C. 40—49 岁　　　D. 50 岁及以上

3. 您的最终学历：A. 中专（含高中）及以下　　B. 专科

　　　　　　　　　C. 本科　　　　　　　　　D. 研究生

4. 您参加工作的年限：A. 1 年以下　B. 1—5 年

　　　　　　　　　　 C. 5—10 年　D. 10 年以上

5. 您机构作为阵地的类型属于：A. 社区阵地　B. 家庭阵地　C. 少年宫阵地

　　　　　　　　　　 D. 爱国主义教育基地阵地

　　　　　　　　　　 E. 夏(冬)令营阵地

　　　　　　　　　　 F. 博物馆、美术馆类社会公益阵地

　　　　　　　　　　 G. 其他阵地

6. 您机构的所在区域：A. 市区　B. 县镇　C. 乡村　D. 城乡接合部

7. 您机构的存在时间：A. 50 年以上　B. 30—50 年　C. 10—30 年

　　　　　　　　　　 D. 10 年以下

8. 您在机构里的任职情况：A. 总负责人或第一负责人

　　　　　　　　　　 B. 部门或事务分管负责人　C. 普通成员

9. 您在机构里的工作身份是：A. 专职人员　B. 兼职人员

10. 您机构所在省份为：A. 北京　B. 天津　C. 河北　D. 重庆　E. 上

海　F. 山东　G. 江苏　H. 浙江　I. 青海　J. 甘肃　K. 宁夏

L. 河南　M. 湖北　N. 湖南　O. 陕西　P. 山西　Q. 内蒙古

R. 辽宁　S. 吉林　T. 黑龙江　U. 安徽　V. 江西　W. 福建

X. 四川　Y. 贵州　Z. 广东　A1. 云南　B1. 广西　C1. 海南

D1. 西藏　E1. 新疆

■ 请您根据实际情况回答以下问题。请在所选的序号上直接打"√"，

除已标注为"可多选"的题项外,其他题项均为单选。

11. 您所在机构是否有明确写有"少先队"三个字的活动基地挂牌?

　　A. 有　　　　　　　　B. 没有

12. 您所在机构是否设有专门供少先队员开展活动的场所或场地?

A. 有   B. 没有

13. 您所在机构进行与少年儿童(少先队员)相关的校外教育活动时，是否得到当地政府部门的支持？

A. 是   B. 否

（如果您选择了"是"，请接着回答14题；否则请直接回答第15题）

14. 您所在机构所得到的当地政府部门的支持主要是：(可多选)

A. 精神或口头支持   B. 经费支持

C. 场地支持   D. 派专门人员参与活动

E. 其他

15. 您所在机构与相应级别的教育行政部门的联系程度是？

A. 经常联系   B. 偶尔有联系   C. 从未有过联系

16. 您所在机构是否有兼职人员？

A. 有   B. 没有

（如果您选择了"有"，请接着回答17、18题；否则请直接回答第19题）

17. 您所在机构的兼职人员主要为：(可多选)

A. 当地在编中小学教师   B. 当地行政部门人员

C. 无固定单位的学科教师   D. 志愿者

E. 其他

18. 您所在机构为机构内所聘任的兼职人员提供业务方面的培训吗？

A. 提供和专职人员一样的常态化培训

B. 偶尔会有相关的培训进行

C. 从不提供

19. 您所在机构的专职人员的学历水平整体情况是？

A. 多数为研究生学历　　　　　B. 多数为本科学历

C. 多数为专科及以下学历　　　D. 不清楚

20. 您所在机构是否有被中小学聘任为校外辅导员的人员？

A. 有　　　　　　B. 没有　　　　　C. 不清楚

21. 您所在机构为机构内的专职人员提供的业务培训有哪些？

A. 派出较长时间的进修　　　B. 派出短期培训

C. 邀请专家来讲座　　　　　D. 机构内组织研讨活动

E. 参观学习兄弟机构的经验　F. 其他

22. 您所在机构以主办方身份主动组织过针对少先队员的实践活动吗？

A. 组织过　　　　　　　　　B. 没有组织过

（如果您选择了"组织过"，请接着回答 23 题；否则请直接回答第 24 题）

23. 如果主动组织过针对少先队员的实践活动，那主要是什么内容的实践活动：（可多选）

A. 来机构参观　　　　　　　B. 进行社会公益活动

C. 进行集体学习活动（如读书、舞蹈等）

D. 邀请参加表演类活动　　　E. 邀请参加竞赛类活动

F. 组织旅行研学类活动　　　G. 组织生活体验类活动

H. 其他

24. 您所在机构与当地少先队组织协作举办实践活动的频次情况是？

A. 每年 10 次及以上　　　　B. 每年 6—9 次

C. 每年 1—5 次　　　　　　D. 每年 0 次

25. 您所在机构在举办少年儿童校外实践活动时邀请当地辅导员老师

参加的情况是?

    A. 经常邀请   B. 偶尔邀请   C. 没有邀请过 D. 不清楚

26. 您所在机构与当地中小学的联系程度是?

    A. 与大部分中小学联系非常密切

    B. 只与几所固定学校联系密切

    C. 联系不密切,只有活动时才有针对性地进行联系

    D. 从未联系过

27. 您所在机构开展的针对少年儿童(少先队员)的实践活动收费情况是?

    A. 全部收费   B. 多半收费   C. 少半收费   D. 全部免费

    E. 不清楚

28. 您所在机构愿意在多大程度上协助中小学开展少先队员校外实践活动?

    A. 随时百分百愿意   B. 75%左右的意愿

    C. 50%左右的意愿   D. 25%左右的意愿

    E. 零意愿

29. 您所在机构每年是否有开展针对少先队员的校外实践活动工作计划?

    A. 有   B. 没有   C. 不清楚

30. 您所在机构近两年是否有关于少先队的实践活动被公共媒体报道过(不含机构自身的公众号推送)?

    A. 经常被报道   B. 偶尔有报道   C. 没有报道   D. 不清楚

31. 您认为您所在机构在进行有关的少年儿童实践活动中存在的问题主要有哪些?(可多选)

A. 经费不充分　　　　　　B. 活动安全问题缺乏制度性保障

C. 活动场所十分有限　　　D. 师资队伍的专业性欠缺

E. 缺乏机构领导的支持　　F. 缺乏社会协作机制

G. 其他

32. 您对我国少先队校外阵地建设及其实践活动开展有何建议？（请至少写出一条）

调查结束，再次感谢您的支持与配合！

参考文献

一、著作类

[1] 本尼斯:《领导的轨迹》,姜文波译,中国人民大学出版社 2008 年版。

[2] 陈白桦等:《流动少年宫——校外教育的流动于均衡发展》,同济大学出版社 2015 年版。

[3] 吴建明:《少先队工作实践与理论研究》,浙江大学出版社 2011 年版。

[4] 檀传宝等:《少年儿童组织与思想意识教育基本理论》,教育科学出版社 2014 年版。

[5] (美)唐·倍根,唐纳德·R.格莱叶:《学校与社区关系》,周海涛译,重庆大学出版社 2003 年版。

[6] (美)Timothy K. Stanton,Dwight E. Giles,Jr.,Nadinna I.Cruz:《服务学习:先驱们对起源、实践与未来的反思》,童小军,顾新,覃韶芬,王军译,知识产权出版社 2013 年版。

[7] 张先翱:《张先翱少先队教育文集(上卷)》,中国少年儿童出版社 2014 年版。

[8] 赵国强,林频:《国际视野下童军组织比较研究》,上海人民出版社 2015 年版。

[9] (日)作田启一:《价值社会学》,宋金文,边静译,商务印书馆 2004 年版。

[10] (德)雅斯贝尔斯:《什么是教育》,邹进译,生活·读书·新知三联书店 1991 年版。

二、论文类

[1] 陈敬,袁德润:《法有据行无依:青少年宫运行问题刍议》,《江苏教育研究》2017 年第 5A 期。

[2] 戴正和:《合作教育:社会进步与个性发展的教育诉求》,《内蒙古师范大学学报(教育科学版)》2006 年第 8 期。

[3] 黄崴:《主体性教育理论:时代的教育哲学》,《教育研究》2002 年第 4 期。

[4] 辉进宇,褚远辉:《试论校外教育活动的"应然"状态》,《教育评论》2012 年第 4 期。

[5] 林子雄:《校外教育与校内教育有效衔接与有机整合》,《中国校外教育》2016 年第 9 期。

[6] 刘文渠:《公益性校外教育政策的变迁研究》,北京:首都师范大学,2012 年。

[7] 刘晓年:《情境学习理论应用探讨》,《青海师范大学学报(哲学社会科学版)》2008 年第 3 期。

[8] 马奇柯,刘杰:《国外社区青少年思想政治教育的经验与启

示》,《山东省团校学报》2007 年第 4 期。

[9] 齐炘,刘胡权:《我国青少年宫活动开展情况的调查与思考》,《教育科学研究》2011 年第 12 期。

[10] 王雁飞,朱瑜:《组织社会化理论及其研究评介》,《外国经济与管理》2006 年第 5 期。

[11] 向建设:《巴纳德与西蒙的组织理论比较》,《吉首大学学报(社会科学版)》2013 年第 6 期。

[12] 游园:《少先队社区教育活动的问题及对策研究》,四川师范大学教育科学学院,2012 年。

[13] 袁德润:《校外教育与校内教育衔接:可能与可行》,《教育发展研究》2016 年第 20 期。

[14] 张华:《青少年活动阵地建设发展战略研究》,《北京青年政治学院学报》2004 年第 2 期。

[15] 张华:《我国青少年活动阵地建设发展历程及相对滞后的原因分析》,《青少年研究》2004 年第 1 期。

[16] 章宜,徐琪,张磊磊:《心流理论在人类资源管理中的应用与展望》,《学术论坛》2016 年第 8 期。

[17] 赵向华:《体验教育理论的理论和实践研究》,《现代教育论坛》2007 年第 6 期。

后　记

本著作是 2017 年度中国少年先锋队全国工作委员会、中国少年先锋队工作学会、中国少年儿童新闻出版总社全国少先队研究课题资助项目成果。从立项到出版,有两年多,但真正追溯这一研究情怀,时间要回到 2012 年初冬。那时接近不惑年龄的我接手了一个新专业的论证与建设,这便是由团中央自主设置的"少年儿童组织与思想意识教育"全日制学术型硕士研究生学科点的建设。尽管当时心中有些迷茫,但仍然欣然接受了这一挑战性的任务。因为在我的内心教育情怀和之前的学术研究关注领域中,活泼可爱的孩子——代表着国家与民族未来发展希望的少年儿童一直是我喜欢的关注对象。就我个人而言,每当看到孩子的身影就会生出一种面向未来的喜悦感,我会为那些条件优良的孩子的发展大大点赞,也会为那些身处不利境地的孩子深深忧虑;另外在我的一些职业活动中,也发现多有陌生的孩子对我有一种天然的亲近。这让我很感动,也充满动力:我愿意为孩子们做一些力所能及的事!

走进这个学科,并借助于这一学科,我有更多的机会走进学校并更多接触到学校的党委书记、校长、德育主任和辅导员们的一线生动实践,也有机会感受我国少先队前辈专家对少年儿童事业发展的热烈情怀并聆听历史回顾,也在不同场合体会到为少年儿童事业殚精竭虑、尽谋发展的机关领导们的大格局,也有幸在历次学科会议上感受到专家学者们的真知灼见。从 2014 年正式开启学科第一批研究生教育,我所走的这条学科建设之路已经有五个多年头。起跑的路并不容易,但也是在挑战中伴随着团队努力以及来自多方支持和帮助而收获价值与快乐的过程。

本研究正是起跑路上的一个成果,其涉及的不仅是一个需要并鼓励多方参与少年儿童事业与少年儿童发展的主题研究,其本身也是一个多方支持下的研究过程与成果结晶。

在此,首先感谢全国少工委办公室以及团中央少年部的领导和老师们给予的信任! 正是这种信任使河北大学"少年儿童组织与思想意识教育"学科有机会在全国首次少先队专项课题立项中承担了重大课题研究。特别感谢时任少年部部长以及其他领导给予的亲切关怀,感谢少先队学科前辈与专家张先翱教授、陆士桢教授、吴云清教授、张良驯教授等在课题论证和研究思路中给予的详细意见和中肯建议,感谢耿愈老师、谭翱老师在课题组织与研究过程中的关心和温暖帮助!

感谢在研究过程中,接受我电话或当面访谈的多位少先队工作专家、德育专家以及部分校外阵地负责人! 他(她)们是上海市少工委顾问沈功玲老师、天津市河东区关工委付慧珍老师、重庆市教育评估研究会素质教育工作委员会黄光平秘书长、河北省保定市新莲池书院展杰老师! 另外也非常感谢天津师范大学司成勇教授、天津人民出版社孙永海老师给予的无私热情帮助!

感谢在全国辅导员、少先队员、校外阵地人员问卷调查过程中,鼎力相助的上海市少先队总辅导员赵国强老师、河北省少先队总辅导员杜玉波老师、首都师范大学张志坤教授、内蒙古师范大学潘宝红教授、四川师范大学李戩教授、河南大学王振存教授、浙江湖州少年宫副主任兼市少先队校外总辅导员周云老师、广东广州越秀区总辅导员汤婉峰老师、青海师范大学附属第二中学大队辅导员李建芳老师、河北大学博物馆杨桂梅老师、保定市青少年宫段红叶老师等人！这一过程中给予协助和帮助的老师和朋友太多,恕我不能在此一一列出他(她)们的名字,但永远心怀感激和感恩！

感谢本研究中提供校外阵地活动案例文字稿及其活动照片的所有老师,感谢老师们能在繁忙的工作之余克服各种困难给予课题研究积极协助,与每一位老师的每一次交流都让我感受到志同道合带来的喜悦和动力！

感谢研究中所引用注释和所参考文献的每一位作者！

感谢本著作出版过程中给予大力帮助的上海人民出版社楼岚岚老师和陈博成老师等,正是你们的大力支持、温暖的包容与专业的指正,促使我不断完善和进步！感谢对课题研究中阶段成果给予专业指导和支持的中国青少年研究中心《少年儿童研究》编辑部刘秀英主任、孟娜老师和弓立新老师,你们的细心耐心、严谨的思维和热情的鼓励给了我极大的工作激励,也给了我温暖的友情！

感谢本书的合著者、我的同事梁明伟博士！课题研究过程中正在美国访学的他欣然接受了研究任务,克服时差问题,负责研究和撰写了"少年儿童校外阵地建设与开展实践活动的管理模式、政策机制"章节内容,并对部分案例做了专业点评。另外也非常感谢积极参与本课题的河北大学"少年儿童组织与思想意识教育"专业的研究生李苏沙、孙月娟、高梦旭、郭铭鉴、陈蜜娜、武英凤、李辰辰、贾静等人,她们为课题部分章节的研究搜集并整理了最初文献,更重要的是在攻读硕士学位的每一个时间段里,她们都和我一起共同努力,共同做事:我们一起认真研学学科课程,积极参加学术会议,热情观瞻革命圣地,精心开展阵地活动,团结组织学术活动……我们携手创造着学科团队的一点一滴!

另外,还要感谢"少年儿童组织与思想意识教育"学科团队的各位导师和其他任课教师,你们对学科的热情支持,认真负责的授课态度,对研究生学业的细心指导以及每次开题、预答辩和正式答辩现场的敬业精神都令我感动,也备受激励和鼓舞,并促使我更加认真地做事。感谢学科建设有你们,感谢五年多以来的一路相扶相携!在这里,还要特别感谢河北大学教育学院领导对于著作出版和学科建设给予的大力支持!同时,也要特别感谢河北团省委主管领导以及少年部领导与老师们一直以来对学科建设的大力支持、关怀指导与充分的信任,这既使得学科建设平台持续推进,也使我在遭遇困难时仍保持住热情并不断努力!此外,更要感谢保定团市委学少部以及多所小学的校长和大队辅导员们对学科建设始终如一的支持!感谢在行走的学科建设之路上我所遇到的、来自不同领域的且无条件热情支持我们的每一位领导、老师和朋友!

最后,我要感谢所有我已经遇见的或以后要遇见的、胸前飘扬着鲜艳红领巾的每一位少先队员!他(她)们是可爱的孩子,更是祖国的未来。感恩每一次学校里的观摩或访问,以及每一次学科阵地活动里看到他(她)们灿烂的笑脸、活泼的身影、努力的思考、积极的行动,还有面对困难时的勇敢克服。因着他(她)们,我更加深刻体会到了这份工作的价值和意义,也获取了更多前进的动力,同时也收获了更多的快乐!

全书框架的确定和最终统稿工作是由我来完成的。在这一过程中,我深深感受到虽然本书的出版意味着这项研究即将告一段落,也有了一定的研究认识和结论,但由于研究者能力和资源有限,其中还存有不少疏漏之处或需要进一步推敲的观点,所以恳请各位同仁批评指正。我和我的学科团队也将在未来建设和发展中,继续关注这一主题,进一步深化理论研究并使研究成果进一步向实践领域转化。

　　信仰是一种具有整合性的力量。在此祝愿祖国的每一位少年儿童能在全社会的关注和关爱下健康快乐地成长!

薛国凤

2020 年 2 月于河北大学毓秀园畔

图书在版编目(CIP)数据

协同的责任:少年儿童校外阵地建设与实践活动/
薛国凤,梁明伟著.—上海:上海人民出版社,2020
ISBN 978-7-208-16480-2

Ⅰ.①协… Ⅱ.①薛… ②梁… Ⅲ.①少年儿童校外
活动-研究-中国 Ⅳ.①D432.5

中国版本图书馆 CIP 数据核字(2020)第 082670 号

责任编辑 陈博成
封面设计 零创意文化

协同的责任
——少年儿童校外阵地建设与实践活动
薛国凤 梁明伟 著

出 版 上海人民出版社
        (200001 上海福建中路 193 号)
发 行 上海人民出版社发行中心
印 刷 常熟市新骅印刷有限公司
开 本 635×965 1/16
印 张 16
插 页 2
字 数 176,000
版 次 2020 年 8 月第 1 版
印 次 2020 年 8 月第 1 次印刷
ISBN 978-7-208-16480-2/G·2029
定 价 78.00 元